Sabine Liberty

Das schriftliche Gespräch mit dem Kunden

Werbebriefe, die ankommen

Sabine Liberty

Das schriftliche Gespräch mit dem Kunden

Werbebriefe, die ankommen

© 2006 Alle Rechte vorbehalten

RKW-Verlag

Düsseldorfer Straße 40
65760 Eschborn

RKW-Nr. 1508
ISBN 3-89644-255-4

Layout: RKW, Eschborn
Druck: Klarmann Druck, Kelkheim

Inhaltsverzeichnis

		Seite
Vorwort		7
1	**Grundlagen kundenorientierter Korrespondenz**	**9**
1.1	Wie schreib ich´s meinem Kunden?	9
1.2	A. I. D. A. oder: So verkaufen Sie ein Produkt oder eine Idee	13
1.3	Im Kommunikationskanal lauert der Informationsverlust	14
1.4	Die menschliche Merkfähigkeit – eine Herausforderung für jeden Schreiber	19
1.5	Sprechen Sie die menschlichen Grundbedürfnisse an	21
2	**Was ist kundenorientierte Korrespondenz?**	**23**
2.1	Werbebriefe mit dem gewissen Etwas	23
2.2	Sagen Sie den Floskeln ade	24
2.3	Killerformulierungen versus Beziehungsförderer	27
2.4	Zehn goldene Regeln für erfolgreiche Briefe	29
2.5	Die Bausteine eines guten Briefes	30
2.6	Mit kreativen Methoden Schreibhemmungen überwinden	39
3	**Der Werbebrief per E-Mail**	**43**
3.1	Korrespondenz mit eingebauten Fettnäpfchen	43
3.2	E-Mail-Kommunikation verlangt schnelle Reaktion	46
3.3	Das Internet ist kein rechtsfreier Raum	47
3.4	Erfolg mit Methode	49
4	**Korrespondenz mit Bestandskunden**	**51**
4.1	Für jeden Kunden den richtigen Brief	51
4.2	Lernen Sie Ihre Kundentypen kennen	53
4.3	Die richtige Korrespondenz für unterschiedliche Kundentypen	59
Zum Schluss: Strategische Planung einer Mailing-Aktion		62
Literatur		64
Über die Autorin		65

Vorwort

Wollen Sie mit Ihren Werbebriefen nicht nur auf sich aufmerksam machen, sondern auch Kunden gewinnen? Dann ist dieses Buch richtig für Sie. Insbesondere dann, wenn Sie bislang der Meinung waren, dass Briefschreiben eine Marketing-Methode von anno dazumal ist. Einen potenziellen Kunden mit einem guten Mailing anzusprechen, ist zeitgemäßer denn je, trotz aller Werbeflut, mit der Ihr Brief unter Umständen konkurriert. Doch wie wenige der zahllosen Briefschreiber achten auf den Bedarf ihres Ansprechpartners oder machen sich auch nur im Geringsten die Mühe, ihn auf der persönlichen Ebene anzusprechen? Genau darauf kommt es aber an, damit Sie sich wohltuend vom schrillen und aggressiven Werbe-Blabla der Mitbewerber abheben.

Dieses Buch habe ich für alle geschrieben, die mit dem Formulieren ansprechender Werbebriefe auf Kriegsfuß stehen. Gerade deshalb sollte Ihnen diese effiziente und im Vergleich zu einer Vielzahl alternativer Marketing-Methoden sehr kostengünstige Art der Kontaktaufnahme nicht verschlossen bleiben.

Als langjährig tätige Journalistin sind mir die Versäumnisse vieler Briefschreiber allzu gut bekannt. Egal, ob Sie einen Journalisten auf Ihre Leistung oder Ihr Unternehmen via Presseinformation aufmerksam machen, damit er darüber berichtet, oder einem Neukunden Ihr Angebot schriftlich vorstellen, damit er Ihnen einen Auftrag gibt, das Prinzip ist das gleiche.

Direktmarketing ist beileibe nicht dasselbe wie Presse- und Öffentlichkeitsarbeit. Eine wichtige Arbeitsmethodik ist beiden jedoch gemeinsam. Wenn Sie die Regeln guten journalistischen Handwerks auf das Briefschreiben anwenden, haben Sie das Fundament für die gewünschte Resonanz auf Ihre Briefe geschaffen.

Dieses Buch vermittelt Ihnen den Grundsatz dieser erfolgreichen Arbeitsmethodik und viele erprobte Tipps.

Ich wünsche Ihnen viel Erfolg beim Briefschreiben.

Eckental, im Januar 2006

Sabine Liberty

1 Grundlagen kundenorientierter Korrespondenz

1.1 Wie schreib ich´s meinem Kunden?

Schreiben Sie auch so gerne Geschäftsbriefe wie ich? Nein? Nun, dann tröstet es Sie vielleicht, dass Sie zu einer Mehrheit von Zeitgenossen gehören, die das Briefe schreiben nicht gerade zu ihren Lieblingsbeschäftigungen zählt. Leider wird Sie diese Tatsache wenig trösten, denn Sie gehören wohl auch zur Gruppe derer, die tagtäglich schriftlich mit Kunden oder Interessenten korrespondieren müssen. Manchmal muss es eben der wohl durchdachte, ausgeklügelte Brief sein. Nicht alles lässt sich in Kurzform mit den modernen Kommunikationsmitteln wie E-Mail oder Telefon erledigen. Zumal der deutsche Gesetzgeber das Gesetz gegen Unlauteren Wettbewerb (UWG) verschärft hat. Damit wird die Kaltakquise per E-Mail oder Telefon, also die Kontaktaufnahme zu Privat- oder Geschäftskunden, zu denen Sie bislang noch keine geschäftliche Beziehung haben, drastisch eingeschränkt. Doch davon erzähle ich an anderer Stelle ausführlich.

Viele Unternehmen stürzen sich in die Aktion Werbebrief besonders gern dann, wenn der Umsatz zu wünschen übrig lässt oder Neukunden gewonnen werden sollen. Oft lässt der Frust über das Ergebnis nicht lange auf sich warten. Die Resonanz auf die Werbebriefaktion tendiert Richtung Null und wenn Sie sich die Mühe machen und bei den Empfängern Ihrer Botschaft telefonisch nachhaken, dann lautet die Antwort allenfalls: „Sehr interessant, aber momentan kein Bedarf". Und das, obwohl Sie maßgeschneiderte Problemlösungen für Ihre Kunden offerieren und schließlich stundenlang über dem Text Ihres Briefes gebrütet haben.

Verständlich, wenn Ihre Abneigung gegen das Briefschreiben wächst. Zumal, wenn Sie soviel Zeit und Mühe in das Formulieren investiert haben und natürlich angesichts der Kosten, die eine Mailingaktion nun mal nach sich zieht. Werbebriefaktionen kosten Geld, insbesondere dann, wenn die erwartete Resonanz ausbleibt. Experten schätzen, dass die Reaktionsraten im Promillebereich liegen. Das heißt, auf tausend ausgesendete Briefe erhalten Sie schätzungsweise maximal ein bis zwei Antworten von Interessenten.

Meine Lust, Werbebriefe zu schreiben, hielt sich angesichts dieser wenig aufmunternden Aussichten in sehr überschaubaren Grenzen. Aber ich wollte meine Abneigung gegen das Briefschreiben nicht so einfach als Gott gegeben hinnehmen und mich für den Rest meines Lebens stundenlang herumquälen. Außerdem muss es doch wohl zu schaffen sein, mit den richtigen Worten die gewünschte Resonanz zu wecken, die quantitativ weit über dem Promillebereich liegt.

Ich ging der Sache systematisch nach und untersuchte, woran es liegen könnte, dass der eine Brief gelesen und beantwortet wird und ein anderer dagegen sofort im Papierkorb landet. Lag es daran, dass meine Briefe nicht auf feinstem Büttenpapier mit goldgeprägtem Firmenlogo geschrieben waren, sondern auf Standardpapier vom Großhandel? Soviel kann ich jetzt schon verraten: An der Qualität des Papiers liegt es nicht.

Von Journalisten lernen

Mein Beruf als Journalistin lieferte mir die Erklärung. Ich erinnerte mich an meine Zeit, als ich noch als Redakteurin in einem Verlag tätig war. Täglich bekamen wir Waschkörbe voll Post in die Redaktion geliefert, von Unternehmen, die uns ihre Produkte und Dienstleistungen anpriesen, in der Hoffnung, dass unsereins von der Presse die Informationen veröffentlichen würde. Sie können sich vorstellen, dass der Inhalt von etwa vier Waschkörben Post pro Tag unmöglich in ein etwa achtzig Seiten starkes Heft hinein passt. Also musste eine gute Auswahl getroffen werden. Wir Redakteure spürten den Themen und Informationen nach und wählten solche aus, die für unsere Leser eine Problemlösung veranschaulichten und damit einen hohen Nutzen lieferten. Die größten Chancen hatten Schreiben, dessen Verfassern es gelang, unsere Aufmerksamkeit von der ersten bis zur letzten Zeile zu fesseln. Alles andere wanderte in die so genannte Ablage P, wie der Papierkorb im Redaktionsjargon genannt wird. Das übrigens war sozusagen eine unserer täglichen Hauptbeschäftigungen. Mit geübtem Blick streiften unsere Augen über die Drucksachen. „Reklame, Reklame", meldeten die Augen an das Großhirn weiter und gleichzeitig überreichte die linke Hand die Schreiben in die rechte Hand. Die wiederum beförderte die Briefe samt Flyern und Broschüren im teuren Farb- und Hochglanzdruck in den Papierkorb.

Eine selbstständige Informatikerin, die kaufmännische Software für kleine und mittelständische Unternehmen entwickelte, fühlte sich von einer Werbeagentur ermutigt, in Werbemittel zu investieren, indem sie ihren Mitteilungsschreiben ein elastisches Fixo-Flex-Maßband beifügte, um so meine Aufmerksamkeit für ihre Dienstleistung nachhaltig zu gewinnen. Mit diesem Maßband wollte sie ihre Botschaft visuell verstärken, dass sie maßgeschneiderte, das heißt, auf den Bedarf des Kunden individuell abgestimmte Computersoftware entwickelt. Das Maßband verwende ich heute noch, den Inhalt ihres Schreibens habe ich jedoch nicht veröffentlicht, denn sie lieferte nicht einen Anhaltspunkt, welchen wirtschaftlichen Nutzen ihr Know-how bietet.

Cui bono – wem nützt es?

Und genau hier liegt der Schlüssel zur Lösung. Die Investition in teure und aufwendige Werbemittel gerät leicht zur Geldvernichtungsmaschinerie, wenn Sie bei Ihrer Briefaktion ein wesentliches Kriterium nicht beachten. Sie ahnen es vielleicht schon. Doch schauen wir uns noch ein wenig in der Welt der Journalisten um. Diese Profischreiber müssen bei der massenhaften Lektüre in kürzester Zeit erkennen können, um was es thematisch geht, und ob die eingeschickten Informationen für ihre Leser geeignet sind. Redakteure, egal ob im Zeitschriften, im Radio- oder TV-Bereich, betreiben aus Marketingsicht nichts anderes als Leser- beziehungsweise Kundenbindung. Je mehr Leser, Zuhörer oder Zuschauer sie an ihr Blatt oder ihre Sendung binden können, umso höher sind die Auflage oder Quote und damit die Einnahmen und der Profit. Und je mehr Leser oder Käufer Redakteure auf diese Weise gewinnen können, umso attraktiver wird das Medium, die Zeitschrift oder die Sendung für zahlungskräftige Werbekunden. Ein Informationsangebot, das nur darüber berichtet, wie toll Ihre Leistung ist oder wie viele Preise Sie eventuell damit eingeheimst haben, provoziert beim Redakteur lediglich ein Gähnen und landet beim Altpapier. Der Redakteur straft Ihre Nachlässigkeit mit Nichtbeachtung, denn er versteht sich nicht als die Exekutive Ihrer Werbeabteilung. Für Werbung sind, wie gesagt, die käuflichen Anzeigenplätze da. Für den redaktionellen Teil erwartet ein Profischreiber Informationen, die über die reine Werbung eines Unternehmens hinausgehen. Das Interesse der Redakteure verliert sich schnell an den gebotenen Informationen, wenn diese keinen Nutzen für die Leser bieten. Doch genau an der Nutzenfrage kranken die meisten Informationen. Benötigt der Schreiber noch dazu mehrere Seiten und langweilt den Redakteur mit einem romanartigen Schreiben, das erst am Ende den Clou der Sache verrät, hat er die Aufmerksamkeit des Lesers spätestens nach der ersten Seite verloren.

Journalisten erheben an die Schreiben ihrer Informanten den gleichen Anspruch, dem sie auch beim täglichen Verfassen ihrer Artikel gerecht werden müssen: Zügig auf den Punkt kommen, sagen was Sache ist, und das Interesse des Lesers möglichst bis zur letzten Zeile aufrechterhalten. Den Clou an der Sache muss der Verfasser so schnell wie möglich liefern, ausführlichere Detailinformationen kann er im weiteren Teil seines Informationsangebotes zusätzlich anfügen. Ansonsten verspielt er seine Chance um die Aufmerksamkeit des Redakteurs. Und eine zweite Chance gibt es kaum.

Wenn es uns Berufsschreibern schon so geht, dann dürfte es den in permanentem Termindruck stehenden Geschäftskunden oder Interessenten nicht viel anders gehen, war meine Überlegung. Die meisten Informationen betreffen uns und unseren Bedarf gar nicht.

„Wir dürsten nach Wissen, aber wir ertrinken in Informationen", fasste der Trendforscher John Naisbitt bereits 1985 in seinem Bestseller „Megatrends" das Dilemma unserer Informationsgesellschaft zusammen. Achten Sie deshalb darauf, dass Ihr Werbeschreiben dem Empfänger einen deutlichen Nutzen verspricht. Dann und nur dann schlägt seine Aufmerksamkeit, die Sie mit Ihrem Schreiben gewonnen haben in Kaufinteresse um. A propos Bedarf: Wenn Sie sich nicht nur Mühe gegeben haben, mit Ihrem Werbebrief den Nutzen Ihres Produktes oder Ihrer Dienstleistung zu skizzieren, sondern auch Ihre Hausaufgaben gemacht und die passende Zielgruppe und deren Bedarf ermittelt haben, dann erst haben Sie gute Chancen, dass Sie die entsprechende Resonanz auf Ihren Brief erhalten.

Direktmarketing-Experten betonen immer wieder, dass der Erfolg eines Werbebriefes umso größer sei, je auffälliger das Layout ist. Je stärker sich ein Brief optisch aus der Masse der Schreiben von Wettbewerbern heraushebe, desto höher sei die Chance, dass er auch gelesen wird. Werbegrafiker, die Ihnen die entsprechenden Briefbögen gestalten können, werden Sie in dieser Ansicht bestärken. Klar, die leben ja davon. In gewisser Weise stimmt das auch, darauf werde ich noch genauer eingehen, aber was hilft es Ihnen, wenn Ihr Brief wegen seines Layouts zwei, drei Sekunden länger betrachtet wird? Wenig!

Die meisten Werbeschreiben landen im Papierkorb, weil sie weder den Nutzen des gepriesenen Produktes, noch den Bedarf der Zielperson berücksichtigen. In diesem Zusammenhang erinnere ich mich an einen Werbebrief, der mir in unregelmäßigen Abständen immer wieder in den Briefkasten flattert. Ein gewisser Jan Wiese[1], Geschäftsführer einer Firma für Wasserspender, wendet sich da an mich. Er stellte sich nicht weiter vor, wollte aber, dass ich mir etwas vorstelle: *„Sehr geehrte Frau Liberty"*, hieß es da, *„stellen Sie sich vor, Sie sind das Problem der leidigen Getränkeversorgung für Sie und Ihre Mitarbeiter ein für allemal los. Mit dem Wasserspender Cool Splash geht Ihnen das kühle Nass im Büro, selbst an heißen Tagen nicht mehr aus. Sie erhalten den Spender in der 20 Liter und 50 Liter*

---

[1] Name von der Autorin geändert

Ausführung. Der Cool Splash passt sich jedem Büroambiente an und steht Ihnen in der frischen Arctic-Blue oder der eleganten Edelstahlvariante zur Verfügung. Bestellen Sie noch heute Ihren Cool Splash zwei Wochen lang zum kostenlosen Ausprobieren. Sie und Ihre Mitarbeiter werden begeistert sein."

Keine Ahnung, wieso ich zur typischen Zielgruppe eines solchen Wasserspender-Herstellers gehöre. Als Einzelunternehmerin verfüge ich weder über einen Stab durstiger Mitarbeiter, noch habe ich selbst das Bedürfnis, meinen täglichen Wasserbedarf mit mehr als 20 Litern zu decken – nicht einmal bei über dreißig Grad im Schatten.

Ein gutes Beispiel, wie man Zeit und Werbegelder verschleudern kann, indem man Zielpersonen anschreibt, deren Bedarf sich nicht mit dem eigenen Angebot deckt. Da hilft auch die teuer erstandene Adressdatenbank nicht viel, wenn Sie es nicht schaffen, die entsprechenden Zielpersonen herauszufiltern, deren Bedarf auf Ihr Angebot passt. Nur wenn Sie dieser Zielgruppe einen zwingenden Nutzen versprechen, erhalten Sie auch die gewünschte Resonanz.

Das sollten Sie beim Verfassen von Werbebriefen beachten:

1. Identifizieren Sie Ihre Zielgruppe

Wenn Sie wissen, was Sie genau anbieten, wissen Sie auch, an wen Sie es anbieten. Dazu müssen Sie eine real existierende Zielgruppe ermitteln.

Haben Sie zum Beispiel eine datenbankbasierte Software für Steuerberater entwickelt, so ist die Definition *alle Steuerberater im Bundesgebiet* sehr schwammig. Weitere Kriterien wie Größe der Kanzlei, Fachgebiet oder technische Ausstattung spielen bei der Eingrenzung eine große Rolle.

Damit Ihr Brief auch auf Anhieb den richtigen Empfänger erreicht, sollten Sie Ihre Ansprechpartner in Anwender und Entscheider unterteilen. Anwender nutzen Ihre Software, sind aber noch lange nicht die, die Budgetverantwortung haben.

Achten Sie beim Planen Ihrer Werbebriefaktion darauf, dass Sie die richtigen Zielpersonen anschreiben und ermitteln Sie deren dringendstes Problem. Je umsichtiger Sie Ihre Vorarbeiten leisten, desto besser erreichen Sie Ihre Zielgruppe und sprechen deren Bedarf passgenau an.

2. Recherchieren Sie Ihre potenziellen Auftraggeber

Egal ob Sie sich dazu käuflicher Adressdatenbanken bedienen oder die Suche über die gelben Seiten oder über das Internet vornehmen: Potenzielle Auftraggeber haben Namen, Adresse, Telefon und Faxnummer sowie E-Mail- oder Internetadressen.

Tragen Sie alle wichtigen Daten zusammen und sortieren Sie Ihre Adressen nach der Zielgruppendefinition. Auf diese Weise verfügen Sie im entscheidenden Moment über die erforderlichen Informationen für eine zielgruppengenaue Ansprache.

> **3. Optik allein reicht nicht aus**
>
> Damit ein Brief beachtet und gelesen wird, muss Ihr Werbeschreiben einen deutlichen Nutzen liefern. Stellen Sie diesen zum Beispiel plakativ anhand eines Erfolgsbeispiels heraus, das Sie anschaulich beschreiben.
>
> **4. Das Wichtigste Ihrer Botschaft gehört an den Anfang**
>
> Ihre Leser haben keine Zeit und auch keine Lust, bei der täglichen Werbeflut minutenlang zu forschen, was denn an Ihrem Angebot so interessant sein soll. Kommen Sie schnell zur Sache. Ausführliche Detailbeschreibungen können Sie als begleitendes Informationsmaterial in Form von Prospekten Ihrem Brief beifügen.

1.2 A. I. D. A. oder: So verkaufen Sie ein Produkt oder eine Idee

Egal ob Sie mündlich oder schriftlich kommunizieren, die A.I.D.A.-Formel bietet Ihnen dabei ein solides Grundgerüst für den richtigen Aufbau Ihrer Botschaft. A.I.D.A. hat in diesem Fall nichts mit Verdis gleichnamiger Oper zu tun, sondern steht für **A**ttention, **I**nterest, **D**esire, **A**ction.

Attention: Wecken Sie Aufmerksamkeit

Sprechen Sie das Problem des Empfängers Ihres Schreibens an, stellen Sie es in den Mittelpunkt und gehen Sie darauf ein.

Ihre Botschaft lautet zum Beispiel: Ich kenne die spezielle Problematik Ihrer Branche/Ihres Marktes und weiß über dessen Anforderungen Bescheid. Damit signalisieren Sie, dass Sie nicht irgendein Feld-, Wald- und Wiesenanbieter sind, sondern als Spezialist über profunde Kenntnisse verfügen, die dem Leser Ihres Briefes nützen und ihm weiter helfen können.

Interest: Schaffen Sie Interesse für Ihr Angebot

An dieser Stelle müssen Sie die Aufmerksamkeit in Interesse umwandeln. Das gelingt Ihnen, wenn Sie dem Leser einen für ihn nützlichen Vorschlag unterbreiten. Bieten Sie Lösungsmöglichkeiten mit den entsprechenden Vorteilen an. Kommen Sie dabei schnell auf den Punkt und informieren Sie Ihren Leser, *wie* Sie ihm am besten helfen können.

Desire: Wecken Sie das Bedürfnis nach Besitz. In diesem Teil Ihres Briefes bringen Sie den Leser dazu, dass er dringend mit Ihnen zu tun haben möchte. Das erreichen Sie, indem Sie die überwiegenden Vorteile des persönlichen Lösungsvorschlages aus der Sicht des Lesers darstellen.

Action: Das Ende Ihres Briefes muss beim Leser Zustimmung und Resonanz erzeugen. Bieten Sie an, den Leser ausführlich über Ihr Angebot zu informieren. Sagen Sie ihm, was er jetzt tun soll, indem Sie zum Beispiel Ihre Telefonnummer groß und deutlich wiederholen und ihm mitteilen, wann Sie unter dieser Nummer für ihn erreichbar sind. Oder weisen Sie auf einen Termin hin, zu dem Sie Ihren Leser einladen, damit er sich ein umfassendes Bild von Ihrem Angebot machen kann. Legen Sie Ihrem Brief ein vorbereitetes Antwortfax bei, um den Leser zusätzlich zu motivieren, mit Ihnen Kontakt aufzunehmen.

Beachten Sie: Mit einem Brief gehen Sie – zunächst – den Weg der einseitigen Kommunikation. Das heißt, Sie kommunizieren schriftlich mit dem Empfänger Ihres Briefes, ohne direkt ein Feedback zu erhalten. Sie verzichten auf die Wechselseitigkeit des gegenseitigen Austausches, wie es zum Beispiel in einem persönlichen Gespräch am Telefon oder bei einem Kundenbesuch der Fall ist. Sie haben somit keine Möglichkeit zu beobachten, wie der Angeschriebene Ihre Information aufnimmt und wertet und somit keine Gelegenheit, darauf adäquat zu reagieren.

Der Brief muss also Ihre Kompetenz transportieren und beim Empfänger zumindest einen Vorschuss an Vertrauen in Sie und Ihre Leistung erwecken. Der Aufbau Ihres Briefes nach der A.I.D.A.-Formel steuert den Leser in seinem Kaufentscheidungsprozess. Aber nur, wenn Sie ihm einen zwingenden Nutzen bieten, der größer ist als die damit verbundene Investition.

Das A.I.D.A.-Prinzip

Attention	Interest	Desire	Action
Anbieter/Produkt existiert	Anbieter/Produkt könnte mir einen Nutzen liefern	Anbieter/Produkt liefert mir einen Nutzen	Nutzen ist größer als Investition

Phasen des Kaufentscheidungsprozesses →

Bild 1:   Das A.I.D.A.-Prinzip

1.3   Im Kommunikationskanal lauert der Informationsverlust

Nun wissen Sie, was Sie dem Leser schreiben wollen, haben eventuell ein Skript erarbeitet, in dem Sie die Reihenfolge Ihrer Argumente aufeinander aufgebaut und gegliedert haben. Bevor Sie einen Brief schreiben, überlegen Sie sich, in welcher Situation oder unter welchen Umständen der Empfänger Ihren Brief lesen könnte. Längst nicht alle Botschaften, die Sie aussenden, kommen beim Empfänger an. Zumindest nicht in der Weise, wie Sie es gerne hätten.

Bildlich gesprochen bauen Sie mit dem Brief an Ihren Empfänger einen Kommunikationskanal auf, den zunächst Sie im schriftlichen Monolog allein nutzen. Als Sender verfügen Sie zu hundert Prozent über Ihre Informationen. Der Empfänger allerdings nimmt in der Regel nur einen Bruchteil der Informationen wahr. Das hängt mit verschiedenen Faktoren zusammen:

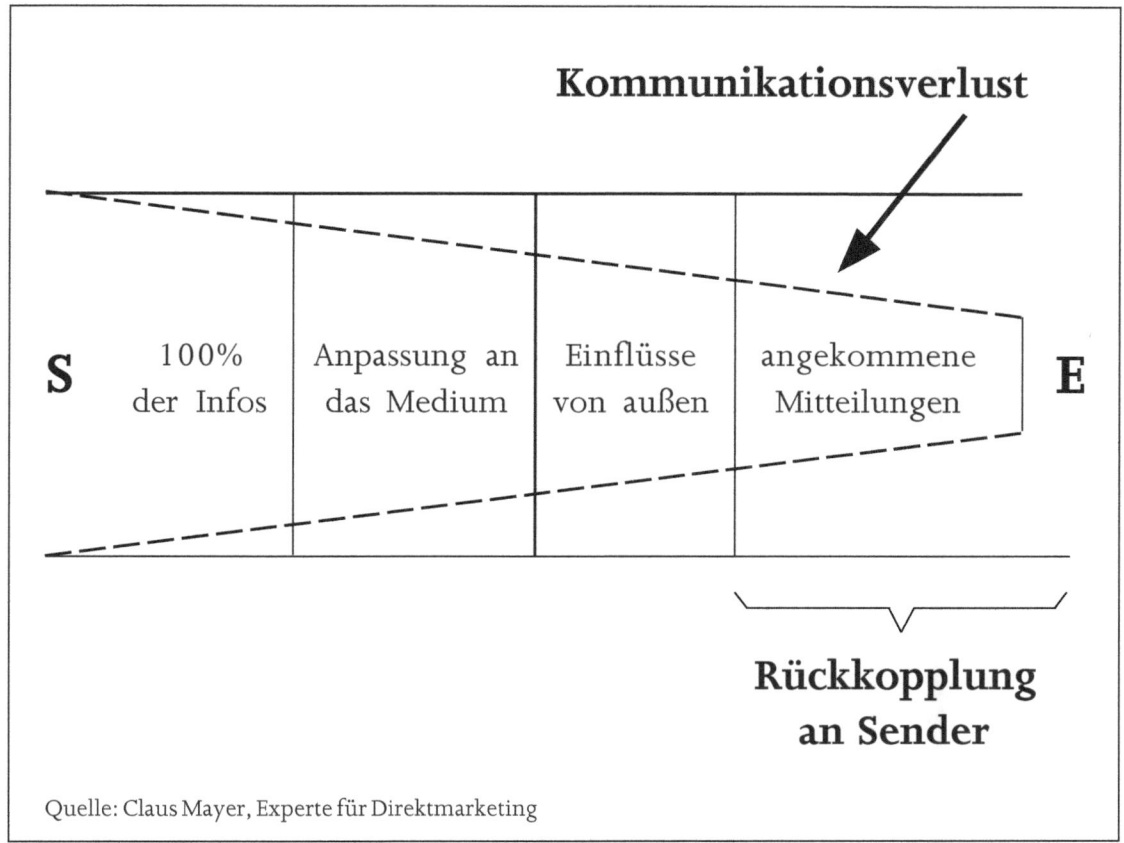

Bild 2: Der Kommunikationskanal

Sie verfügen über 100 Prozent der Informationen:

Erinnern Sie sich: Der Empfänger Ihres Briefes erhält tagtäglich zig Werbeschreiben, Prospekte und Angebote. Im Alltagstrubel hat er zumeist gar nicht die Zeit, all die vielen Informationen zu lesen. Und wenn der Inhalt allzu sehr nach Reklame „riecht", schaltet sein Denkapparat schon wieder auf stur: „Alle wollen etwas von mir und alle wollen nur mein Bestes – mein Geld". Gegen dieses Bataillon an Vorbehalten anzukommen, fällt Ihnen mit Ihrer Botschaft dann umso schwerer, je weniger Sie diesen Umstand bei Ihrem Schreiben berücksichtigen. Ihren Brief ereilt dann das Schicksal vieler anderer: Seinem Inhalt wird nur ein flüchtiger Blick geschenkt, ehe er sang und klanglos im Papierkorb entsorgt wird. Um diesem Schicksal zu entgehen, kommt es darauf an, wie Sie Ihre Informationen vermitteln. Das Medium Brief soll umfassend informieren, ohne den Leser mit Informationen zu erschlagen.

Identifizieren Sie Ihr eigenes Angebot

Definieren Sie genau, was Sie welcher Zielgruppe verkaufen wollen. An dieser Stelle werden die häufigsten Fehler gemacht. Gerade Dienstleister tragen einen regelrechten Bauchladen zu Markte, bieten Full-Service und alles aus einer Hand an. Und der Strauß bunter Dienstleistung wird in einem Brief vorgestellt. So aber weiß der Kunde nicht, woran er ist. In diesem Fall gilt ganz besonders: Bieten Sie immer nur eine Leistung pro Brief an, und zwar an eine fest umrissene Zielgruppe. Damit schaffen Sie mehr Aufmerksamkeit als mit weiteren zwei oder drei Zusatzofferten. So wecken Sie am ehesten Bedarf, denn niemand kann alles auf einmal gebrauchen.

Wohl gemerkt, Sie verfügen als Sender über 100 Prozent der Informationen. Überlegen Sie sich, welche davon tatsächlich für den Empfänger bei der schriftlichen Kontaktaufnahme interessant sind.

Anpassung an das Medium:

Wie gesagt: Sie schreiben einen Brief und keinen Roman. Kurz, knackig, kompetent lautet die Devise. Auch hier können Sie sich wieder ein Beispiel an der Arbeitsweise der Journalisten nehmen: Nachrichten und Zeitungsberichte sind nach dem 6W-Modell aufgebaut. 6W steht für die Frageworte *Wer, Was, Wann, Wo, Wie, Warum*. Fragen, die sich zum Anlass der Berichterstattung ergeben, müssen vom Journalisten gleich am Textanfang beantwortet werden. Gelingt ihm das, so schafft er die Voraussetzung, dass sich der Leser seines Artikels ausführlicher mit der Information befasst, denn nun will er über die Hintergründe Bescheid wissen. Bauen Sie die Abfolge Ihrer Information anhand dieses 6W-Modells auf: Sie machen was wann wo und wie zu welchem Zweck. Damit beantworten Sie sämtliche Fragen, die sich dem Leser anfangs stellen, wenn er mit Ihrem Angebot erstmalig konfrontiert wird. Und das möglichst im ersten Absatz Ihres Briefes mit maximal zwei oder drei Sätzen. Nicht mehr. Weitere Fragen, die mit den Worten *Weshalb, Wozu, Wieso* gestellt werden, bedürfen umfassenderer Antworten, die Sie im anschließenden Hauptteil Ihres Briefes beantworten. Wenn Sie Ihre Argumentationskette mit den Fragen *Weshalb, Wozu, Wieso* aufbauen, werden Sie feststellen, dass Sie automatisch auf den Nutzen Ihres Angebotes zu sprechen kommen.

Einflüsse von außen:

Berücksichtigen Sie auch, dass sich der Empfänger der Lektüre Ihres Briefes selten mit Muße widmen kann. Da droht ein Projekt zu scheitern, das Telefon klingelt pausenlos, das dritte Meeting will absolviert sein, der Chef macht Ärger und was sonst noch so am Tag alles passieren kann. Versetzen Sie sich mal in die Lage Ihres Empfängers. Er muss tagtäglich für Lösungen sorgen. Umso mehr ist er offen für Vorschläge, die für ihn zumindest den Anschein erwecken, seine Probleme zu lösen.

Versetzen Sie sich in Ihren Leser

Häufig formulieren Lösungsanbieter aus der falschen Perspektive. Wir, die Briefschreiber, senden viel zu stark „Ich-bezogen", anstatt uns bei unseren Formulierungen in die Lage des Empfängers zu versetzen. Die meisten Sätze in Werbebriefen beginnen mit „Wir sind...", „Wir bieten...", „Durch uns erhalten Sie...". *„Für unseren Vapofix Turbosauger sind selbst schwer erreichbare Ecken kein Problem. Wir garantieren eine hohe Lebensdauer. Im Falle einer Reparatur liefern wir Ihnen ein Ersatzgerät innerhalb von 24 Stunden."* Der Verfasser, ein Handelsvertreter, der sich auf die Branche Hotel- und Gaststättengewerbe spezialisiert hat, stellt sich beziehungsweise sein Produkt und nicht den Empfänger und dessen Problem in den Mittelpunkt seines Anliegens. Das aber hat zur Folge, dass der Empfänger den Nutzen nicht erkennt. „Wieder so ein Werbemüll", denkt sich unser Leser. Zu Recht, denn mit der Wir-Perspektive erhält der Empfänger allenfalls die Botschaft, was für ein toller Hecht der Handelsvertreter für Staubsauger ist und was sein Produkt alles angeblich leistet. Wenn er jedoch den Blickwinkel des Lesers einnehmen und sein Angebot aus dessen Sicht schildern würde, gäbe er dem Leser zu verstehen, dass er dessen Probleme erkannt hat.

Das liest sich dann etwa so: *„Gehört Staubsaugen auch zu einer Ihrer meist gehasstesten Tätigkeiten? Weil Sie trotz aller artistischen Verrenkungen schwer erreichbare Stellen mit Ihrem Staubsauger nicht erreichen? Der robuste und langlebige Vapofix Turbosauger macht Ihrem Dauerfrust ein Ende und spart Ihnen Zeit und Mühe. Sollte Sie unser Vapofix Turbosauger doch einmal im Stich lassen, kein Problem: Sie erhalten umgehend, innerhalb von 24 Stunden ein Ersatzgerät kostenlos geliefert. Damit sind Sie vor Nutzungsausfall sicher und sparen hohe Folgekosten."*

Mit dem Wechsel in die *Sie-Perspektive* sprechen Sie den Leser persönlich an. Sie zeigen ihm, dass Sie ihn und sein Problem nicht nur verstehen, sondern auch, wie Sie ihm helfen können. Die wenigsten der beruflichen Briefschreiber machen sich die Mühe und begeben sich auf die Seite des Adressaten, um zu sehen, wie das eigene Angebot aus dessen Blickwinkel wirkt. Machen Sie sich diese Mühe und Sie sind Ihren Mitbewerbern gegenüber im Vorteil. Mit dem Perspektivenwechsel hebt sich Ihr Brief wohltuend von der Mehrheit der Werbeschreiben ab. Und der spezifische Nutzen für den Empfänger Ihres Briefes? In unserem Beispiel ist es der kostenlose Service für Ersatzgeräte. Das hilft dem Kunden, Zeit und Kosten zu sparen. Mit maximal drei Sätzen zeigen Sie dem Leser den zwingenden Nutzen, der größer ist als die dafür nötige Investition.

Angekommene Mitteilung

Sie sehen: Es hängt von einer ganzen Menge an Faktoren ab, wie und ob Ihre Botschaft beim Empfänger ankommt. Das zentrale Problem liegt darin, dass bei jedem Signalaustausch immer *Menschen* in ihrer ganzen Komplexität in Wechselwirkung stehen.

Um das Gefahrenpotenzial dieser Faktoren klein zu halten, kommt es ganz besonders darauf an, dass Sie Ihren Brief gut strukturiert aufbauen, um beim Leser Überzeugung für Ihr Anliegen zu ernten.

Tabelle 1: Briefaufbau

Der stimmungsmäßig "richtige" Aufbau eines Überzeugungsbriefes

Den Leser einstimmen und die gewünschte Aufmerksamkeit erreichen	Das Problem des Empfängers in den Mittelpunkt der ersten Aussagen stellen und ihn bei seinen Interessen ansprechen. **Die zu transportierende Botschaft lautet:** "Ich kenne die spezielle Problematik Ihrer Branche" oder: " Wir wissen, was Sie bewegt..."
Die Spannung beim Leser steigern	Lösungsmöglichkeiten mit ihren jeweiligen Vor- und Nachteilen ansprechen. Das Interesse des Lesers für die eigenen Ideen wecken und ihn auf die Präsentation von Lösungsalternativen und auf die Entscheidung zu Gunsten des eignenen Vorschlages vorbereiten. **Die zu transportierende Botschaft lautet:** "Zu dieser Problematik bieten wir Lösungen, mit jeweiligen Vor- und Nachteilen..."
Den Höhepunkt erreichen	Die überwiegenden Vorteile des Lösungsvorschlages aus der Sicht des Angeschriebenen darstellen und begründen. **Die zu transportierende Botschaft lautet:** "Mein/Unser Vorschlag bringt Ihnen folgende Vorteile..."
Die positive Stimmung halten	Zustimmung zu dem Vorschlag provozieren. **Die zu transportierende Botschaft lautet:** "Haben Sie die Vorteile für sich erkannt? Brauchen Sie noch mehr Beweise?
Harmonisch/Positiv ausklingen lassen	Den Empfänger jetzt informieren, was er tun soll und ihm mitteilen, dass Sie sich über den Empfang einer positiven Rückmeldung freuen. **Die zu transportierende Botschaft lautet:** "Ich freue mich über Ihre Antwort und stehe Ihnen für Fragen unter der Telefonnummer xxxxxx zur Verfügung."

Tabelle 1: Briefaufbau

1.4 Die menschliche Merkfähigkeit – eine Herausforderung für jeden Schreiber

Nun wissen Sie auch, mit welchen Alltagshürden Sie rechnen müssen, die den Empfänger Ihres Schreibens vom Lesen abhalten und gegen welche Vorbehalte Sie mit Ihrem Brief antreten müssen, um überhaupt als ernstzunehmender Absender wahrgenommen zu werden. Die zuvor genannten Instrumentarien helfen Ihnen dabei, sich wohltuend von der Masse der täglichen Werbeflut abzuheben, die Ihrem Adressaten auf den Schreibtisch flattert. Das ist aber noch nicht alles. Ihr größter Gegner im Kampf um die Aufmerksamkeit Ihrer Zielperson ist dessen eigenes Gehirn, beziehungsweise die Trägheit dieses Denkapparates, sich Dinge zu merken. Dieses Schaltzentrum für komplexe Kommunikationsverbindungen hat eine große Schwäche: Es ist unheimlich faul, wenn es Informationen abspeichern soll. Abspeichern bedeutet nämlich, das Wahrgenommene im Gedächtnis zu verankern, denn das ist mit Energieaufwand, also mit Anstrengung verbunden. Der Grund: Sollen neue Informationen dauerhaft gespeichert werden, müssen dazu neue Verknüpfungen zwischen den bestehenden Nervenbahnen gebildet werden. Erinnern Sie sich an Ihre eigene Schulzeit: Tagtäglich und über Stunden prasselten Informationen auf Sie ein. Irgendwann hat Ihr Gehirn angefangen, abzuschalten, vor allem dann, wenn Sie den Lernstoff als trocken und eintönig empfanden. Welche Hits gerade die Musikcharts anführten, hätten Sie wahrscheinlich im Traum herunterbeten können, jedoch wohl kaum Entstehungsjahre und Namen der bekanntesten Opern von Wolfgang Amadeus Mozart. Um den Lernstoff trotzdem in Ihr Gedächtnis zu pressen, saßen Sie zu Hause stundenlang am Schreibtisch und büffelten. Mit dem Ergebnis, dass spätestens nach einer Klassenarbeit das meiste von dem eingetrichterten Wissen wieder in Vergessenheit geriet. Kommt Ihnen das bekannt vor? Woran liegt das?

In verschiedenen Versuchen[2] haben Gehirnforscher herausgefunden, dass ein Mensch etwa 20 Prozent von dem behält, was er nur hört. Nur etwa 30 Prozent von dem, was er liest, kann er sich merken. In der Kombination von Hören und Lesen kann er sich 50 Prozent der Informationen merken. Die menschliche Merkfähigkeit steigt auf 65 Prozent, wenn er den Lernstoff hört, sieht und „begreifen" kann, das heißt, wenn er die Möglichkeit erhält, beschriebene Gegenstände in die Hand zu nehmen. Denn sobald das haptische, also für den Tastsinn zuständige, Gedächtnis stimuliert wird, erhöht sich die Merkfähigkeit. Auf etwa 85 Prozent steigt die Merkfähigkeit, wenn alle Eingangskanäle miteinander kombiniert aktiv angesprochen werden und der Mensch die gebotenen Informationen nicht nur hören, sehen und lesen sowie anfassen kann, sondern sie auch ausprobieren kann. Per Learning-by-doing erleben die meisten von uns den höchsten Lerngewinn und speichern die Informationen langfristig im Gedächtnis ab.

Die menschliche Merkfähigkeit ist wesentlich schlechter, wenn nur die einspurigen Eingangskanäle *Hören* und *Sehen* – und letzteres im Sinne von *Lesen* – angesprochen werden. Sobald Informationen auf mehreren Eingangskanälen wahrgenommen werden, die sinnvoll miteinander verknüpft sind, ist die Merkfähigkeit um ein Vielfaches höher. Das aktiv Wahrgenommene wird erlebt, im Vergleich zum passiv Wahrgenommenen wie bei Hören und Lesen.

---

[2] Nachzulesen bei: Frederic Vester (1978): „Denken, Lernen, Vergessen" – dtv Verlag

Welchen Nutzen hat dieses wissenschaftliche Testergebnis denn nun für uns Briefschreiber? Der Nutzen findet sich in der leider ernüchternden Erkenntnis, dass wir mit unseren Werbebriefen ausgerechnet an einen der Eingangskanäle im menschlichen Gehirn appellieren, an dem die Merkfähigkeit am schwächsten ausgeprägt ist. Und wenn dann noch unser Brief das Standard Blabla tausender anderer Briefschreiber kopiert, das vor Superlativen und Selbstbeweihräucherung wie „Wir leisten…", „Wir bieten…", unser preisgekröntes Serviceteam…" nur so strotzt, dann dürfen Sie, lieber Leser, sich nicht wundern, wenn das Hirnkastl Ihres Empfängers nach dem zwanzigsten „Wir bieten Schreiben" auf Durchzug schaltet und seinen Speicherplatz für Informationen frei hält, die sich wohltuend vom Gros der Werbeflut abhebt. Da geht es dem Leser Ihres Werbebriefes nicht viel anders als Ihnen seinerzeit als Schüler: Stakkatoartig heruntergeleierte Informationen, die nicht mehr als pure Behauptungen sind, interessieren ihn ungefähr genauso brennend wie Sie die Tatsache, dass Mozart 1790 Cosi fan tutte und 1791 die Zauberflöte komponierte. Wohltuend bedeutet in diesem Zusammenhang nicht etwa, dass Sie nun für den nötigen Seelenbalsam Ihres Werbemülls geschundenen Adressaten sorgen müssen. Wohltuend bedeutet einfach: Schreiben Sie einen verständlichen und persönlich formulierten Brief, der dem Leser einen Nutzen bietet. Damit motivieren Sie ihn, mit Ihnen in Kontakt zu treten. Wohltuend bedeutet vor allem: Veranschaulichen Sie Ihrem Leser, wie Sie ihm Nutzen stiften können. *„Unser hoch motiviertes Serviceteam kümmert sich flexibel um Ihre Wünsche. Wir arbeiten stets kundenorientiert. Auf diese Weise sind wir in der Lage, selbst komplexeste Anforderungen zu bewältigen. Wir analysieren die Kundenanforderungen und erarbeiten individuelle und maßgeschneiderte Lösungen."*

Verstehen sie, was ich meine? Als Empfänger einer solchen Information kann ich mir nichts, aber auch gar nichts darunter vorstellen. Eine solche Textpassage finden Sie in zig Werbebriefen. Es ist nicht mehr als eine Aneinanderreihung von aussagelosem Marketing-Gesülz. Wenn Sie dagegen anhand eines Beispiels oder einer erlebten Situation schildern, wie Sie kundenorientiert arbeiten oder wie sie es schaffen, selbst unter schwierigen Bedingungen flexibel auf die Kundenwünsche einzugehen, werden Sie den Empfänger Ihres Briefes eher von Ihrer Kompetenz und Zuverlässigkeit überzeugen können. *„An einem frostig-kalten Weihnachtstag ereilte mich der Notruf des Leiters eines Fünf-Sterne-Hotels. Die zentrale Computeranlage sei komplett ausgefallen. Weder könnten Gäste ein- noch auschecken. Schlimmer noch, die elektronischen Türschließanlagen der Hotelzimmer seien auch betroffen. Trotz eisig glatter Straßen erreichten mein Servicetechniker und ich das Hotel nach zwei Stunden. Und kurze Zeit später brachten wir die Computeranlage problemfrei wieder zum Laufen. Die Erleichterung bei unserem Kunden war groß, und zum Dank für die unbürokratische Hilfe durften wir auf Hotelkosten in einem der schönsten Zimmer übernachten."* Mit dieser Formulierung helfen Sie dem Leser, dass er sich etwas Konkretes vorstellen kann, denn nun entsteht ein anschauliches Szenario vor seinem inneren Auge.

Sie werden sehen: Die Botschaft Ihres Briefes fällt garantiert im schwach ausgebildeten Lesekanal positiv auf. Statt im Durchzugskanal Richtung Ablage P werden Ihre Informationen jetzt zur Weiterbearbeitung in die Entscheidungszentrale im Großhirn weitergeleitet.

1.5 Sprechen Sie die menschlichen Grundbedürfnisse an

Was können Sie also tun, damit Ihr Brief oder Ihre Mailingaktion erfolgreich wird und sich wohltuend vom Gros der üblichen Werbeflut abhebt?

Ich habe es bereits erwähnt: Ihr Brief muss Aufmerksamkeit erregen. Die Entscheidung beim Leser fällt innerhalb 20 Sekunden! Während dieser sehr kurzen Zeitspanne müssen Sie das Interesse des Lesers erreichen, sonst landet Ihr so mühsam getexteter Brief im Altpapier. Interesse und Aufmerksamkeit wecken Sie, wenn Sie dem Leser einen ganz persönlichen Vorteil bieten. Insbesondere dann, wenn Sie die Adressaten in Ihrer Mailingaktion persönlich anschreiben und nicht mit dem allumfassenden „Sehr geehrte Damen und Herren" ansprechen. Auf die Nachteile dieser Anredeform komme ich an späterer Stelle zu sprechen. Egal welche Zielgruppe Sie fokussieren, jeder Mensch hat bestimmte Grundbedürfnisse, ganz gleich welcher Gesinnung er ist oder welche Vorlieben oder Interessen er hat. Diese vier Grundbedürfnisse können, wenn sie mit englischen Begriffen beschrieben werden, als die 4P-Bedürfnisse bezeichnet werden. Die Grundbedürfnisse lauten:

Profit (Gewinn), **P**leasure (Vergnügen), **P**eace (Friede, Sicherheit) und **P**ride (Stolz, Anerkennung).

Das heißt, den Leser interessiert vor allem, ob Sie ihm mit Ihrem Angebot folgendes bieten können:

- mehr Gewinn (Einkommen, Kosten- oder Zeitersparnis, Wohlstand),
  Beispiel: Häuslebauer aufgepasst: Mit dem Einbau einer Solaranlage sichern Sie sich von Anfang an attraktive Prämien vom Staat. Steigende Heizöl- oder Gaspreise sind für Sie in Zukunft kein Thema mehr.

- mehr Vergnügen (schöne Dinge besitzen, Freude, Bequemlichkeit),
  Nehmen Sie ein Beispiel am bayerischen Automobilhersteller BMW: Das Unternehmen verkauft keine schnellen Limousinen, sondern *Freude am Fahren*.

- mehr Frieden (Sicherheit, Sorglosigkeit, Gesundheit),
  Beispiel: Im Falle eines (Un-)Falles… ABC versichert

- mehr Stolz (Anerkennung, Bewunderung)
  Beispiel: Ein Mercedes für nur 105 Euro pro Monat Leasingrate – das sollten Sie sich wert sein

Egal ob Sie an private Endverbraucher (Business-to-Consumer) oder an Geschäftskunden (Business-to-Business) verkaufen, die 4P-Regel gilt in beiden Fällen. Nehmen wir wieder das Staubsaugerbeispiel: Das neueste Gerätemodell ist am Markt. Mit der sagenhaften Saugleistung von 2000 Watt (herkömmliche Staubsauger schaffen nur 1500 Watt), bei neunzigprozentiger Geräuschdämmung, macht es dem Staub auch in schwer zugänglichen Ecken den Garaus. Leider kann sich aber die durchschnittliche Hausfrau unter 2000 Watt und neunzigprozentiger Geräuschdämmung kaum etwas vorstellen. Mehr Erfolg werden Sie haben, wenn Sie ihr mitteilen, dass sie durch die verbesserte und geräuschärmere Saugleistung nicht nur ihre Hausarbeit schneller verrichtet und dadurch mehr Zeit (Profit) für die Familie und ihre Hobbies (Pleasure) hat, sondern auch den Schlaf ihres Babys oder den ihrer Nachbarn nicht stört (Peace).

Auch ein Vertriebsingenieur für medizinische Softwareprodukte, der Universitätskliniken als aussichtsreiche, potenzielle Neukunden entdeckt hatte, informierte diese Zielgruppe per Werbebrief von den technischen Vorzügen der 3D-gestützten Navigations-Software für minimal invasive Chirurgie. En detail erfuhr der angeschriebene Chefarzt von den Möglichkeiten, dass sich das modular aufgebaute Programm nicht nur individuell konfigurieren, sondern auch betriebssystemübergreifend an die bestehende Hardware und Systemkonfiguration maßgeschneidert anpassen lässt. Wenn der Vertriebsingenieur nach Versand seiner Werbebriefe bei den Ärzten nachtelefonierte, erhielt er stets die monotone Antwort: „Herr Meier, wir können es kurz machen, in den von ihnen genannten Punkten sind wir gut versorgt." Absolutes Desinteresse. Zu Recht, denn sein Angebot enthielt keine Lösung für das brennendste Problem im Alltag von Klinikärzten: Eine Medizintechnik, die im Rahmen der angespannten Gesundheitspolitik der Klinik Zeit und damit verbunden Kosten spart. Mehr Erfolg hätte der Vertriebsingenieur gehabt, hätte er den Ärzten dargestellt, dass die neue Software dazu beiträgt, die Dauer des chirurgischen Eingriffs zu verkürzen, zum Beispiel weil die Darstellung der erzeugten 3D-Bilder vom Innenleben des Patienten schärfer und detailgetreuer erfolgt. Umso präziser kann der Chirurg arbeiten. Mit dem Erfolg, dass der Patient sich schneller von dem Eingriff erholt und die stationäre Nachbehandlung verkürzt wird. Die Erfolgsquote der Klinik steigt und damit ihr Renommee als Fachklinik (Pride). Die Kosten sinken, weil die Patienten schneller entlassen werden können. Die Einnahmen der Klinik über die Krankenkassen sind gesichert (Profit).

Was immer Sie auch produzieren oder welche Dienstleistung Sie auch anbieten: Überprüfen Sie Ihr Angebot darauf, ob es zumindest eines dieser vier Grundbedürfnisse zufrieden stellt. Ausführliche Informationen über technische Details und Innovationen mögen zwar Sie selbst begeistern. Den Leser Ihres Briefes lässt das aber völlig kalt, denn damit liefern Sie ihm keinen für ihn erkennbaren Nutzen. Erst wenn Sie den zwingenden Nutzen für Ihren Leser ansprechen, dann und nur dann wird er Ihrem Brief Aufmerksamkeit schenken und sich mit Ihrem Angebot auseinandersetzen.

Checkliste: Darauf sollten Sie beim Texten Ihres Werbebriefes achten:

1. Kann der Leser innerhalb von 20 Sekunden etwas Interessantes in Ihrem Brief entdecken?

2. Bieten Sie dem Leser einen persönlichen Vorteil oder einen offensichtlichen Nutzen?

3. Sprechen Sie mit Ihrem Brief zumindest eines der vier Grundbedürfnisse an?

4. Ist der Text auch klar und leicht verständlich zu lesen?

2 Was ist kundenorientierte Korrespondenz?

2.1 Werbebriefe mit dem gewissen Etwas

Die meisten Briefschreiber – und meine Wenigkeit gehörte einst auch dazu - beschränken sich darauf, die für die Geschäftskorrespondenz zuständige DIN 5008 korrekt umzusetzen. Der Brief ist dann zwar sachlich richtig, aber auch langweilig. Unentwegt nehmen die meisten Verfasser „Bezug auf" oder „Kenntnis von", „man erlaubt sich" und „teilt mit". Die schriftliche Geschäftskorrespondenz besteht am Ende nur aus einer Aneinanderreihung von Bürokratendeutsch. Und der Leser? Er versteht vor lauter Phrasen und Floskeln gar nicht, was der Absender will und dessen Brief landet wie viele andere Schreiben auch in der besagten Ablage P.

Kanzleisprache nennt man solche nichts sagenden und unpersönlichen Phrasen. Dieser Briefstil stammt aus einer Zeit, als es die heutige Hochsprache noch gar nicht gab. Man benutzte sie, um im gesamten deutschen Sprachraum verstanden zu werden. Doch dieser Briefstil hält sich zäh bis heute.

Geschäfts- oder Werbebriefe, die lebendig geschrieben sind, Menschlichkeit ausstrahlen und den Empfänger persönlich ansprechen, das sind echte Perlen im Posteinerlei. Selten genug, aber die Freude ist umso größer, wenn man tatsächlich einen dieser kostbaren Seltenheiten erhält. Lebendigkeit und eine menschliche Ansprache, das hat nichts mit flapsiger Wortwahl oder allzu nassforscher Tonalität zu tun. Im Gegenteil: Ein seriöses, konservatives Versicherungsunternehmen oder ein Bankhaus kann damit sein Image in kürzester Zeit ramponieren. Das trifft aber auch auf ein junges, dynamisches Unternehmen aus der Medienbranche zu.

Eine kundenorientierte Korrespondenz, mit Pep und Persönlichkeit, das sind Briefe, die nicht langweilen, zum Lesen animieren und beim Leser eine positive Stimmung hinterlassen.

Die meisten Geschäfts- oder Werbebriefe, die wir täglich erhalten, erwecken den Eindruck, dem Schreiber sei seine Aufgabe eine lästige Pflicht und man ist sowieso nicht der einzige Empfänger. Das sind diese Massen-Mailings, die Sie daran erkennen, dass im Adressfeld zwar Ihr vollständiger Name auftaucht, die Anrede aber „Sehr geehrte Damen und Herren" lautet. Ein meinem Geschmack nach noch viel schlimmerer und vermeidbarer Fehler, der Sie als Serienbriefschreiber enttarnt, ist, wenn Sie bei der Anrede nicht darauf achten, ob es sich beim Empfänger um einen Mann oder eine Frau handelt. Der Verfasser hat sich bei der Serienbriefgestaltung noch nicht einmal die Mühe gemacht, Ihren Namen auch in die Anrede einzusetzen. Da möchte ein Unternehmen Frauen verstärkt als Zielkunden gewinnen und schreibt ordentlich die Adresse mit dem Namen der Empfängerin, Frau Elsbeth Halmackenreuther. Spätestens aber mit der Anrede „Sehr geehrter Herr Halmackenreuther…", weiß besagte Empfängerin, dass der Absender Briefen aus Textbausteinen den Vorzug gibt. Dieser Mangel an Sorgfalt kann nicht nur negative Auswirkungen auf Ihre Direktmailaktion haben (außer Spesen nichts gewesen – keine Reaktion), sondern auch unangenehm Ihrem Image schaden. Als aufmerksamer, kundenfreundlicher Anbieter dürften Sie weder bei Elsbeth Halmackenreuther, geschweige denn bei vielen weiteren Empfängerinnen reelle Chancen haben. Dass Sie ein professioneller und fachkompetenter Anbieter sind, dürften Ihnen Ihre potenziellen Kundinnen wohl kaum noch glauben, selbst wenn Sie das noch so sehr in Ihrem Angebot beteuern. Sie verschenken nicht nur Chancen, sondern auch Ihre Glaubwürdigkeit und damit das Vertrauen in Ihre Person.

Natürlich können Direktmails, die eine größere Zielgruppe erreichen sollen, nur als Serienbriefe produziert werden. Der Clou dabei ist, diese Briefe so zu formulieren, dass sie in Stil und Tonalität persönlich geschrieben wirken, selbst wenn der Brief maschinell erstellt und die Unterschrift eingedruckt wurde. Dazu gehört auch, dass Sie sich verständlich ausdrücken, auf Standardfloskeln, Fachchinesisch oder Fremdwörter sollten Sie tunlichst verzichten.

Der unter Branchenkennern als „Papst des Direktmarketings" bekannte Professor Siegfried Vögele hat zum Thema Verständlichkeit einmal folgenden Satz formuliert: „*Werbung an promovierte Akademiker muss für das Verständnis von Studenten im ersten Semester, Werbung an Handwerker für das Verständnis ihrer Auszubildenden im ersten Lehrjahr und Werbung an die große Masse für das Verständnis von Zwölfjährigen getextet werden.*" Warum? Etwa weil die Empfänger zu dumm sind, um unsere Botschaft zu verstehen? Nein, weil sie sich nicht im Mindesten die Mühe machen wollen, etwas zu verstehen, was ihnen nicht auf Anhieb einleuchtet.

Veranschaulichen und emotional beschreiben, dem Leser ein Bild mit Worten malen und dabei die Motive des Lesers so genau wie möglich treffen, das ist der Stoff aus dem Werbebriefe geschneidert sind, die beim Leser ankommen. Und auch hier stehen Ihnen als Briefschreiber die Regeln aus der Welt des Journalismus zur Seite.

Der Verleger und Schöpfer der modernen Tagespresse, Joseph Pulitzer (1847 bis 1911), hatte das Erfolgsmotto für die Presse entdeckt: „*Schreibe kurz, und sie werden es lesen. Schreibe klar, und sie werden es verstehen. Schreibe bildhaft, und sie werden es im Gedächtnis behalten.*"

Machen Sie diese Aufforderung auch zu Ihrem Erfolgsmotto. Dann heben Sie sich wohltuend vom Gros der vielen Briefschreiber ab. Denn dieses Motto beherzigen nur sehr wenige und verspielen deshalb ihre Chancen. Weil wir doch unserem Leser so viele interessante Informationen über uns und unsere Leistung mitteilen wollen, meinen manche, dass alles möglichst in einem Satz erledigen zu müssen. Das Ergebnis sind Schachtelsätze, die ganze Absätze bilden. Der Empfänger versteht dann nur „Bahnhof" und weiß nicht, was der Sender will. Endstation Ablage P. Liebhaber von Fremdwörtern und solche, die ihre Kompetenz demonstrieren wollen, indem ihr Brief von Fachchinesisch nur so strotzt, sammeln jede Menge Minuspunkte und bleiben eher in schlechter Erinnerung. Schreiben Sie deshalb klare und verständliche Sätze, die jeder verstehen kann.

2.2 Sagen Sie den Floskeln ade

In meinem Seminar „*Mit der richtigen Kommunikationsstrategie erfolgreich Kunden gewinnen*" freue ich mich immer am meisten auf den Moment, wenn ich das Thema Floskeln und Phrasen anspreche. Sie glauben gar nicht, wie viel Widerstand mir aus den Reihen der Zuhörer entgegen schlägt. Aber auch wie viel Staunen und freudige Aha-Effekte. Die Teilnehmer erfahren, was Floskeln alles sind und wie viele sie davon selbst unreflektiert verwenden. Die ungeschminkte Erkenntnis, auch zum Phrasendrescher zu gehören und das Angebot, sich von geliebten Gewohnheiten zu verabschieden, ist zugegeben, im ersten Moment etwas schwer verdaulich. In Kapitel 1.4 ging es darum, dass unser Gehirn langjährig erprobte Abwehrmechanismen einsetzt, neue Erkenntnisse anzuerkennen und diese anzuwenden. Dieser Lernprozess ist mit hohem Energieaufwand verbunden. Das macht Mühe und ist deshalb erst einmal abzulehnen. Aber wenn meine Seminarteilnehmer dann erkennen, wie viele Wörter es gibt, die ihre Gedanken um so vieles einfacher und anschaulicher wiedergeben, ist die Freude jedes Mal groß. Letztendlich geben Sie alle zu: Die Briefe ohne die gewohnten Floskeln wirken tatsächlich pfiffiger und spritziger.

Tabelle 2: „Bürokratendeutsch"

Befreien Sie Ihre Korrespondenz vom Bürokratendeutsch!

Vermeiden	Stattdessen
☹ Etwaige Fragen beantworten wir gerne	☺ Für Ihre Fragen nehmen wir uns gerne Zeit
☹ Bezüglich Ihres Anrufes	☺ Herzlichen Dank für Ihren Anruf
☹ Zu Ihrer Kenntnisnahme erhalten Sie	☺ Bitte prüfen Sie
☹ Gemäß Ihrem Schreiben vom…	☺ Vielen Dank für Ihre Informationen, die wir am… erhalten haben.
☹ Wir erlauben uns	☺ weglassen
☹ Zu unserer Entlastung senden wir	☺ weglassen
☹ in Anbetracht der Tatsache	☺ wegen
☹ Wir würden uns freuen	☺ Wir freuen uns / Ich freue mich
☹ Wir möchten Ihnen danken	☺ Wir danken Ihnen für…
☹ Sehr geehrte(r) oder: Sehr geehrte Damen und Herren	☺ Guten Tag Frau Schmidt Grüß Gott Herr Meier
☹ Mit freundlichen Grüßen	☺ Alles Gute nach Hamburg, Ihr(e)

Probieren Sie es einmal aus und tauschen Sie diese Floskeln gegen die entsprechenden Alternativen aus. Sie werden feststellen, der Satz wird gleich kürzer. Den Inhalt auf eine Din-A4-Seite zu beschränken ist auf einmal keine Kunst mehr.

Zwei der schlimmsten Floskeln sind meiner Meinung nach „Wir erlauben uns" und „Zu unserer Entlastung senden wir". Erstere Floskel finden Sie häufig in Rechnungen: „Wir erlauben uns, Ihnen für die ausgeführte Leistung, Tapezieren von 25 qm Wohnzimmer, 2000 Euro zuzüglich Mehrwertsteuer in Rechnung zu stellen". Warum bitte schön, erlauben wir uns das? Schließlich ist es unser gutes Recht, Geld für eine erbrachte Leistung zu fordern. Diese Floskel ist schlicht überflüssig, wirkt steif und verbessert wahrlich nicht Ihre Beziehung zum Kunden. Lassen Sie diese ganz einfach weg. Schreiben Sie stattdessen: *„Wir bedanken uns für Ihren Auftrag und wünschen Ihnen viel Freude im neuen Wohnambiente. Bitte überweisen Sie den Betrag von 2000 Euro zuzüglich Mehrwertsteuer auf unser angegebenes Konto"*.

Die zweite und meinem Geschmack nach schlimmste Floskel „*Zu unserer Entlastung senden wir…*" finden Sie häufig als Absage auf Bewerbungen. Das lässt tief in die Kultur eines Unternehmens blicken. Eine solche Floskel kann nur in einer Unternehmenswelt entstehen, die ihre Mitarbeiter als bloße Kostenfaktoren betrachtet und nicht als Bereicherung für die eigene Existenz. Jeder abgelehnte Bewerber wird dadurch vom Leistungsträger zum lästigen Bittsteller degradiert. Eine Absage als solche wiegt schon schwer genug, wenn sich der abgewiesene Bewerber dann auch noch als Belastung empfinden darf… na prost Mahlzeit!

Verabschieden Sie sich vom Konjunktiv

Wenn Ihre schriftlichen Aussagen überzeugen sollen, dann verabschieden Sie sich vom Konjunktiv (Möglichkeitsform). Nur wer von sich und seiner Leistung überzeugt ist, kann auch andere überzeugen. Wer im Konjunktiv spricht oder schreibt, erreicht nur das Gegenteil. Formulierungen wie „*Wir würden uns freuen*", „*wir möchten Ihnen danken*", wirken devot. Damit machen Sie sich unnötig klein und stellen Ihr Licht unter den Scheffel. Verbannen Sie deshalb die vier Killerkonjunktive aus Ihrem Wortschatz: *würden, möchten, sollten, könnten*. „*Wir würden uns freuen, wieder von Ihnen zu hören…*" Wenn Sie sich freuen und dem Empfänger Ihres Briefes danken möchten, dann tun Sie es einfach: „*Wir freuen uns, Sie als unseren neuen Kunden begrüßen zu dürfen.*" „*Wir können Ihnen bis Anfang nächsten Monats 50 Karton à 6 Flaschen Beerenauslese schicken.*" Zugegeben, der Konjunktiv ist grammatikalisch falsch, denn Sie sprechen über einen Vorgang, der erst in der Zukunft stattfinden wird oder den der Empfänger Ihres Schreibens noch nicht positiv bestätigt hat. Allerdings ist der Konjunktiv nicht so knackig wie die Alternative im Präsens, aber umso wirksamer.

Sprechen Sie nicht im Plural

A propos „Wir"! In vielen Werbebriefen lesen Sie zum Beispiel: „*Aus unserem reichhaltigen Knowhow haben wir Ihnen ein attraktives Schulungsangebot zusammengestellt. Gerne schicken wir Ihnen unsere ausführlichen Informationen.*". Oder so ähnlich. Erinnern Sie sich: Der Wechsel aus der Wir- in die Sie-Perspektive spricht den Empfänger Ihres Briefes persönlich an und stellt ihn ins Zentrum der Betrachtung. Ein Anliegen aus der Wir-Perspektive zu formulieren, ist noch aus einem anderen Grund unvorteilhaft und eine reine Floskel. Die Weisheit, in der Wir-Form zu schreiben, kommt aus dem Heer der namenlosen Unternehmensberater und Werbestrategen. Das „Wir" soll Kompetenz darstellen, Manpower und ich weiß nicht was noch alles. Selbst Gründern einer Ich-AG wird geraten, in der Wir-Form zu schreiben. Das soll ihnen im Wettbewerb mit etablierten Unternehmen einen seriöseren Anstrich verpassen. Das Gegenteil ist der Fall, denn es verwässert das Profil des Absenders. Seit wann sprechen Sie mit einer Zielperson im Plural? Es sei denn, Sie arbeiten als Krankenschwester („so, nun wollen wir mal aufstehen und uns frisch machen…" Ich habe es bislang noch nicht erlebt, dass eine Krankenschwester auf dem Bettrand Platz nimmt und sich gemeinsam mit dem Patienten wäscht). Aber Sie, Sie schreiben doch selbst Ihrer Zielperson einen Brief und nicht Ihre Firma. Selbst wenn in Ihrem Betrieb 50 Mitarbeiter arbeiten, sind Sie es doch persönlich, der mit dem Leser in Kontakt treten will. Der Empfänger soll mit einer ihm unbekannten Person Kontakt aufnehmen, doch wie kann er das, wenn keine konkrete Person da ist, sondern ein profilloses „Wir"? Bleiben Sie eine Person, schreiben Sie in der Ich-Form. Auf diese Weise stehen Sie zu Ihrer schriftlichen Aussage, Sie wirken glaubwürdig und vor allem - real. Eine reale Person, die man anrufen und fragen kann. Damit heben Sie sich auf jeden Fall positiv vom Gros der Wir-Schreiber ab. Garantiert!

Persönliche Anreden einmal anders

Ob Sie es wollen oder nicht, aber Begrüßungs- und Verabschiedungsformulierungen wie *Sehr geehrte(r)* oder *Mit freundlichen Grüßen* gehören ebenfalls ins Reich der Floskeln. Wie viel frischer und auch natürlicher wirkt im Vergleich „Guten Tag" oder auch „Grüß Gott" für Empfänger im süddeutschen Sprachraum. Wenn Sie telefonieren, melden Sie sich ja auch mit „Guten Tag" oder „Grüß Gott". Machen Sie das doch auch schriftlich. Der Leser fühlt sich einfach persönlicher angesprochen. Vielleicht ist es für Sie äußerst ungewohnt, aber probieren Sie es einfach mal aus. Ein Hingucker ist es auf jeden Fall und motiviert eher zum Weiterlesen als das allseits erwartete Sehr geehrte(r) ...

Sicher, es gibt Situationen, in denen Ihnen weder der Name noch die Funktion des verantwortlichen Ansprechpartners bekannt ist, allenfalls die zuständige Abteilung der betreffenden Firma. Und selbst die Zentrale Ihrer Zielfirma kann Ihnen den geeigneten Ansprechpartner partout nicht nennen. In einem solchen Fall schreiben Sie am besten

Sehr geehrte Damen,

sehr geehrte Herren,

Verteilen Sie diese unpersönliche Anrede auf zwei Zeilen. Dadurch zeigen Sie Respekt vor Ihren Empfängern. Trotz dieser inflationär gebrauchten Floskel, heben Sie sich durch die Verteilung der Anrede auf zwei Zeilen wohltuend vom Rest der Floskelschreiber ab.

Noch etwas:

Viele Briefschreiber pflegen mit Hingabe den Nominalstil, eine typische Form des Bürokratendeutsch. Mit anderen Worten: Sie substantivieren gebräuchliche Verben. Nominale Wortschöpfungen erkennen Sie an deren Endsilben –ung, -heit, -keit oder –ismus. Entsprechend formulierte Sätze wirken konstruiert und passiv, denn ihnen fehlt ein veranschaulichendes Verb. Das Verb ist der Muskel des Satzes. Es bringt Bewegung in den Satz und macht aus dem Geschriebenen ein lebendiges Geschehen.

Beispiel: „Für die erbrachte Leist**ung**... stellen wir Ihnen 2000 Euro in Rechn**ung**.

Lebendiger liest sich: Ihren Auftrag, 25 Quadratmeter Wohnzimmer komplett tapezieren, haben wir gerne ausgeführt und **berechnen** Ihnen 2000 Euro netto, zuzüglich Mehrwertsteuer.

„Die Plan**ungen** für Ihre Werbekampagne befinden sich in Vorberei**tung**".

Besser: Momentan **treffen** wir alle Maßnahmen, um Ihre Werbekampagne sorgfältig zu **planen**.

2.3 Killerformulierungen versus Beziehungsförderer

Gedanken allzu schnell und unüberlegt formuliert, können sich an ihrer guten Absicht rächen. Anstatt eine Beziehung und erstes Vertrauen bei Ihrem Empfänger aufzubauen, können Missverständnisse und Unmut das Ergebnis sein. Ebenso rächen sich Formulierungen, die darauf hindeuten, dass Sie das Briefschreiben für eine lästige, zeitraubende Pflicht halten. Selbst wenn dem so ist, sollten Sie alles tun, um diesen Eindruck zu vermeiden. Dazu gehört zum Beispiel ein Übermaß an Abkürzungen. Ein Brief, dessen Text aussieht wie eine Kleinanzeige, in der jedes zweite Wort abgekürzt ist, wird kaum das Interesse Ihres Empfängers fesseln. Berufsspezifischer Fachjargon mag Sie vielleicht zum Spezialisten Ihres Faches ausweisen. Der Leser Ihres Briefes wird aber ganz sicher keine Lust haben, jedes dritte Wort Ihres Briefes im Lexikon nachzuschlagen. Eher wird er das Entziffern Ihres Fachchinesisch als Zumutung empfinden. Und Verkaufsstrategen aufgepasst: Ihre Produkte aus deutschen Landen mögen vielleicht hipp und cool sein, der Gebrauch englischer Wörter, mit denen Sie die Vorzüge Ihrer Waren beschreiben, macht Ihren Brief deshalb noch lange nicht besser. So mancher Briefschreiber liebt es offenbar, seine message – Verzeihung - Botschaft in „Denglisch" auszudrücken. Die deutsche Sprache wird immer mehr mit englischen Begriffen verquickt. Ihr Brief wird damit aber bestimmt nicht leichter lesbar. Im Gegenteil! Zunehmend greift die Unsitte um sich, deutsche und englische Wörter miteinander zu verschmelzen. Als Empfänger einer Mitteilung durfte ich selbst schon einmal erfahren, dass meine Kundendaten *upgedatet* statt aktualisiert wurden, oder dass mein Ansprechpartner meine Bitte um weitere Informationen an die zuständige Stelle *geforwardet* hätte. Wahrscheinlich meinte er, er hätte sie weitergeleitet. Meist aus Bequemlichkeit gibt sich der Schreiber keine Mühe mehr, nach gebräuchlichen deutschen Verben oder Adjektiven zu suchen, der Griff zum Wörterbuch gilt offenbar als verpönt. Da bleiben Peinlichkeiten nicht aus.

Egal, ob Sie einen Kundenbrief, ein Werbeschreiben, ein Plakat, einen Handzettel oder eine Anzeige texten: Achten Sie bitte auf diese Killerformulierungen und Beziehungsförderer:

Tabelle 3: Killerformulierungen

Killerformulierungen versus Beziehungsförderer1

positiv	negativ
SIE – bezogene Sätze: Stellen Sie das Anliegen oder den Bedarf Ihrer Zielperson ins Zentrum Ihrer Betrachtung.	Ich, Wir-Formulierungen: Alles was Sie selbst, Ihre Leistung, Ihre Kompetenz ins Zentrum Ihrer Betrachtung stellt, riecht nach Angabe und Selbstbeweihräucherung
Schlüsselwörter wie: profitieren, erhalten, gewinnen (oder: sparen, vermeiden, sichern)	Fachwörter, Fremdwörter, abstrakte Begriffe
positive Verben, aktive Verben	passive Verben und passivische Hilfverben (ist, sind)
bildhafte Ausdrücke	Anglizismen (englische Lehnwörter)
kurze Wörter	vier- und mehrsilbige Wörter zusammengesetzte Substantive (Donaudampfschifffahrtsgesellschaftskapitän)
Deutliche Formulierungen: oft bekannt	undeutliche Formulierungen: nicht selten nicht unbekannt
Bei Missverständnissen: Da muss ich mich unklar ausgedrückt haben	Da haben Sie mich falsch verstanden

2.4 Zehn goldene Regeln für erfolgreiche Briefe

1. Schreiben Sie kurze Sätze
2. Schreiben Sie im Aktiv (Das Verb ist der Muskel des Satzes!)
3. Befreien Sie Ihre Briefe vom Bürokratendeutsch
4. Eliminieren Sie Wortmonster (Zusammengefügte Hauptwörter wie Donaudampfschifffahrtsgesellschaftskapitän)
5. Geizen Sie mit Fremdwörtern, Fachwörtern und englischen Lehnwörtern (Anglizismen)
6. Nutzen Sie die Zauberwörter des Direktmarketings (erhalten, bekommen, gewinnen, profitieren, sparen)
7. Entrümpeln Sie Füllwörter aus Ihren Sätzen (gewissermaßen, schlechthin selbstredend, regelrecht)
8. Schreiben Sie Wörter aus
9. Vermeiden Sie Schachtelsätze
10. Kommen Sie direkt zur Sache.

Der Journalist und Bestseller-Autor Wolf Schneider[3], eine Instanz in Sachen Sprach- und Stillehre, empfiehlt so zu schreiben, dass jedes Wort ein Quantum Sinn transportiert. Deshalb sollten Sie

Geblähte Floskeln vermeiden

Also nicht:	sondern:
Zu diesem Zeitpunkt	jetzt
Zu einem späteren Zeitpunkt	später
Keine Seltenheit	häufig
Ein Ding der Unmöglichkeit	unmöglich
Strenges Stillschweigen bewahren	schweigen
... war an der Tagesordnung	... war die Regel
... konnte nicht darüber hinwegtäuschen	... konnte nicht verhehlen, nicht verbergen
... ließ an Deutlichkeit nichts zu wünschen übrig	... war ziemlich deutlich
... war nicht mehr wegzudenken	... gehörte einfach dazu

Bild 3: Geblähte Floskeln vermeiden

---

[3] Wolf Schneider (1999): Deutsch fürs Leben – Was die Schule zu lehren vergaß, rororo-Verlag

2.5 Die Bausteine eines guten Briefes

Es sind nicht nur die Inhalte, mit denen Ihr Brief Wirkung erzeugt. Auch die Art, wie Sie Ihren Brief optisch gestalten, schafft einen prägenden Eindruck. Positiv wie negativ. Ihr Brief ist immer eine Art Visitenkarte, die über Sie selbst sowie Ihre Produkte oder Leistungen Auskunft gibt. Verbal und nonverbal. Legen Sie deshalb Wert auf die Gestaltung der einzelnen Bausteine Ihres Briefes, denn so steuern Sie die Aufmerksamkeit Ihres Lesers bis zum Briefende. Im besten Fall erzeugen Sie eine positive Reaktion.

Ihr Brief und wie der Leser ihn wahrnimmt

Der erste Eindruck entscheidet, das gilt auch für Briefe. Der Direktmarketing-Spezialist Professor Siegfried Vögele hat mit einer Augenkamera (Tachyloskop) den Blickverlauf des menschlichen Auges untersucht. Er stellte fest, dass die Testpersonen grundsätzlich sechs Punkte für jeweils Sekundenbruchteile fixierten, wenn sie den Brief zunächst flüchtig überflogen. Die Mehrheit der Testpersonen tat dies in einer ganz bestimmten Reihenfolge.

Testen Sie einmal selbst, wie Sie einen Brief wahrnehmen. Betrachten Sie den Brief in Bild 4 und finden Sie heraus, welches der einzelnen Elemente Ihre Augen als erstes registrieren, welches als zweites, als drittes und so weiter. Oder aber raten Sie einfach mal, in welcher Reihenfolge ein Leser die einzelnen Bausteine wahrnehmen könnte und tragen Sie Ihr persönliches Ranking in Tabelle 4 ein. Die Auflösung finden Sie in Bild 5.

Tabelle 4: Briefbausteine-Ranking

Bausteine	**Ranking**
Adressfeld	
Betreffzeile	
Logo	
P.S./Übrigens-Zeile	
Text	
Unterschrift	

Medienbüro
für maßgeschneiderte
Unternehmenskommunikation

• Public Relation
• Corporate Publishing
• Beratung
• Schulung

Sabine Liberty MedienUnikate •Eckentaler Strasse 8 • 90542 Eckental

Frau Rosalinde Baunach
Universität Würzburg
Abteilung VIII: Forschungsförderung, Technologie-
und Wissenstransfer
Ottostraße 16

97070 Würzburg

12. November 2003

Seminare mit Mehrwert für Unternehmensgründer

Guten Tag Frau Baunach,

Ihre Initiative Hochsprung interessiert mich und macht mich neugierig. Durch die Zusammenarbeit mit dem Münchner Projektbüro EFFEKT von Gründer Regio M bin ich durch die Leiterin Frau Dr. Wenzel auf Ihre Beratungseinrichtung aufmerksam geworden. Für Effekt habe ich ein sehr erfolgreiches Informationsforum für Unternehmensgründerinnen im September moderiert und durchgeführt.

Sie beraten und begleiten Hochschulabsolventen hin zu einem optimalen Start in die Selbständigkeit. Gerne würde ich Ihr Projekt näher kennen lernen, denn: Ich kann Sie mit einem attraktiven Schulungs– oder Vortragsangebot dabei unterstützen.

Ein Seminarangebot, gespickt mit Erfahrungen aus der eigenen Gründerzeit und dem Knowhow der Unternehmenskommunikation. Informationen, die Gründern und Jungunternehmern einen Nutzen liefern und ihnen Mehrwerte verschaffen.

"Wie schreib ich´s meinem Kunden? - Die erfolgreiche Geschäftskorrespondenz mit Pep und Persönlichkeit". Angebote, Einladungen oder Rechnungen zu schreiben, ist das tägliche Brot eines Unternehmers. Das Gewusst-Wie ist gefragt für eine erfolgreiche Korrespondenz und auch: Um sich markant vom Wettbewerb zu unterscheiden.

"Die Geschäftsausstattung - Schlüssel zur erfolgreichen Neukundengewinnung". Briefpapier, Visitenkarten, Logo oder Anzeigen sind wichtige Marketinginstrumente und müssen nicht zigtausend Euro kosten.

Das sind zwei Beispiele aus meinem maßgeschneiderten Seminarprogramm. Wäre es nicht toll, wenn Sie Ihr Angebot mit diesen nützlichen Informationen bereichern könnten?

Sprechen wir doch darüber. Gerne schicke ich Ihnen auch meine ausführlichen Informationsunterlagen zu. Nutzen Sie einfach das beiliegende Fax-Formular oder rufen Sie mich an.

Ich freue mich auf Ihren Kontakt und sende viele Grüße aus dem nahen Eckental.

Kontakt:
Fon: 09126.2979958
Fax: 09126.284556
info@medienunikate.de
www.medienunikate.de

Sabine Liberty

Übrigens: Beide Seminarangebote ergänzen sich inhaltlich problemlos zu einem Tagesseminar. Ihre Teilnehmer sparen Zeit und erhalten fundiertes Wissen auf einmal.

Bild 4: Beispielbrief

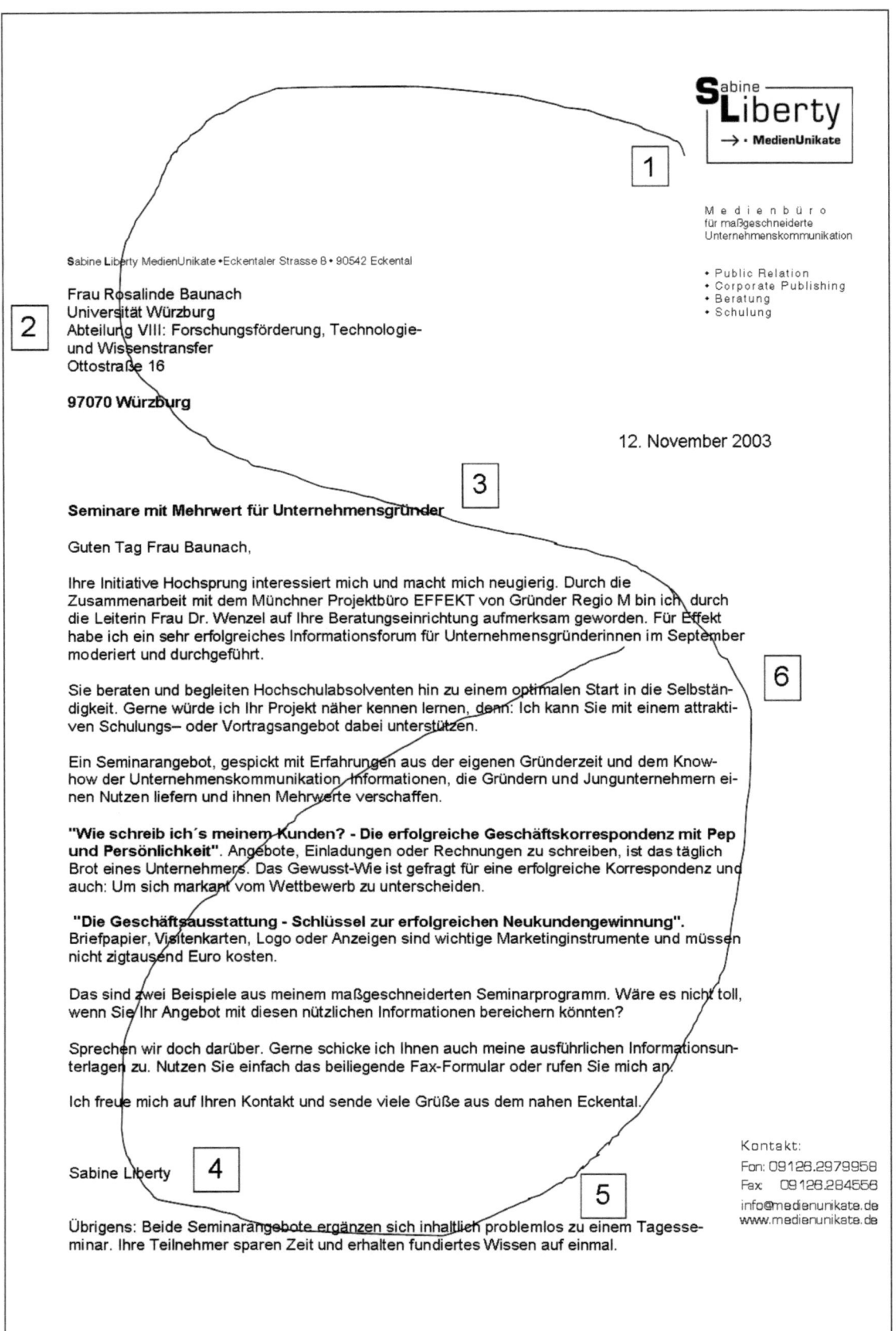

Bild 5: Beispielbrief

Auflösung:

Die meisten Empfänger schauen zuerst auf den Briefkopf mit dem Logo. Als nächstes trifft der Blick auf das Adressfeld. Betreffzeile und Anrede werden erst an dritter Stelle wahrgenommen. Von dort wandert das Auge zunächst weiter zur Unterschrift, registriert daraufhin die P.S.-Mitteilung (sofern vorhanden) und erst an sechster und letzter Stelle widmet sich der Empfänger Ihrem Text. Das Ganze dauert nicht länger als zwei Sekunden! In dieser äußerst kurzen Zeit entscheidet der Leser, ob und wie intensiv er Ihren Brief liest oder nicht. Den Leser interessiert besonders, wer ihm schreibt, ob die Informationen nützlich für ihn sind und was er sonst noch an zusätzlichen Informationen erwarten kann. Wenn Sie bereits schon innerhalb der ersten drei dieser sechs Bausteine Fehler machen, ist es um die Gunst Ihres Lesers geschehen. Schreiben Sie Ihren Brief deshalb mit besonderer Sorgfalt.

Sicher interessiert es Sie jetzt noch, ob ich mit meinem Werbebrief an Frau Baunach von der Universität Würzburg Erfolg hatte. Ich hatte! Spätestens acht Tage nach Erhalt meines Schreibens rief ich bei ihr an und erkundigte mich nach Ihrem Interesse. Kurz gesagt: Ich hatte Erfolg mit meinem Brief. Seitdem bin ich Seminarreferentin und zeige Firmengründern, wie sie ihr Unternehmen über die Medien bekannt machen oder aber wirkungsvolle Geschäftsbriefe schreiben.

Durch das Telefongespräch mit Frau Baunach erfuhr ich aber auch, was sie darüber hinaus motiviert hatte, mich zu engagieren: Der frische, lebendige Stil meines Briefes hatte sie sehr angesprochen. Sachliche Informationen, die auf sympathische, höfliche Art präsentiert wurden, hatten sie überzeugt und Ihr Vertrauen in meine Leistung gestärkt.

Das sollten Sie für Ihre Briefe beachten

Sprechen Sie schriftlich mit den Empfängern Ihrer Briefe. Diese wollen schließlich eine wichtige Frage beantwortet haben: Ist der andere ein sympathischer Mensch, mit dem man vertrauensvoll zusammenarbeiten kann oder nicht? Das, was Sie mündlich mühelos im persönlichen Gespräch schaffen, gelingt Ihnen auf diese Art und Weise auch schriftlich. Außerdem haben Sie deutlich mehr Erfolg, sollten Sie einige Tage später telefonisch nachfassen. Als ich zu Beginn meiner Selbstständigkeit gute Geschäftskontakte aus meiner Zeit als angestellte Redakteurin per Brief reaktivierte, erhielt ich ein nachhaltiges Feedback auf folgenden Brief:

Guten Tag Frau Hartl,

über ein Jahr ist es her, seit unserem letzten Treffen auf der CeBIT 2002, damals noch in meiner Position als Hardware-Redakteurin der Zeitschrift Informationweek. Sicher werden Sie sich gefragt haben, was aus mir geworden ist. Darüber informiere ich Sie gerne und knüpfe wieder an unseren guten Kontakt an. Meine redaktionelle Abstinenz hatte einen sehr arbeitsintensiven Grund:

Mittlerweile habe ich mich selbstständig gemacht und leite ein Medienbüro für Unternehmenskommunikation, mit Sitz in Eckental bei Nürnberg. Der Fokus liegt auf Wissenschaft- und Technikkommunikation für Online- und Printmedien sowie Events. Natürlich gehört auch das Spektrum der Informationstechnologie weiterhin zu meiner Themenkompetenz.

Die breite Palette meines Angebots umfasst Recherche und Erstellung einzelner Pressemitteilungen, kompletter Pressemappen, Fachartikel, Anwenderberichte und Imagebeiträge bis hin zu Online-Magazinen, Newsletter oder Kundenmagazine.
Aus dem beigelegten Folder erhalten Sie einen Überblick über mein Kernangebot.

Meine Zielgruppe? Das sind insbesondere mittelständische Unternehmen, mit oder ohne eigener Presseabteilung, die Bedarf an externer PR-Unterstützung haben, dabei aber Wert auf journalistische Professionalität und fachliche Themenkompetenz legen. Größere Projekte realisiert MedienUnikate mit einem Kooperationsnetz aus kompetenten Medienfachleuten und ist damit in der Lage, Komplettlösungen zu liefern.

Gerne informiere ich Sie ausführlicher und freue mich auf Informationen aus Ihrem Hause. Dazu rufe Sie Anfang kommender Woche an.

Herzliche Grüße aus Eckental

Sabine Liberty

Meine Adressatin, Frau Hartl, die Leiterin für Unternehmenskommunikation eines Bielefelder Hardware-Herstellers, war genau wie Frau Baunach auch, von dem Stil meines Briefes sehr angetan. Als ich sie, wie schriftlich versprochen, einige Tage später anrief, teilte sie mir sogleich mit, dass sie selten einen so sympathisch wirkenden Brief bekäme. Selbst habe sie zwar momentan keinen Bedarf an externer PR-Dienstleistung, aber sie kenne ein Partnerunternehmen, das gerade auf der Suche nach einer neuen PR-Agentur sei. Gerne würde sie mich an diese Firma weiter empfehlen. Das tat sie dann auch und empfahl mich als *extrem professionelle Medienfachfrau*. Was will man mehr?

Von der Adresse bis zum Übrigens

1. Wer schreibt mir? – Das Firmenlogo

Ihr Logo ist das Werbeelement schlechthin. Ein Bild sagt bekanntlich mehr als tausend Worte. Dieser Satz drückt die Funktion dieses Informationsträgers aus. Es soll auf einprägsame Art und Weise veranschaulichen, was Sie oder Ihre Firma tun oder aber das Logo soll Ihre Unternehmensphilosophie visuell transportieren. Grafische Elemente werden vom Auge des Betrachters immer als erstes wahrgenommen, denn unser Wahrnehmungsvermögen ist nun mal überwiegend auf optische Sinneseindrücke geprägt.

Selbst, wenn Sie kein Logo haben, kann zum Beispiel ein eleganter Schriftzug Ihres Namens oder ein gutes Porträtfoto von Ihnen ein Hingucker sein, der den Leser neugierig auf den Inhalt Ihres Briefes macht.

Ein Tipp: Wenn Sie für die Gestaltung Ihres Firmenbriefpapiers die Dienste eines Grafikers in Anspruch nehmen wollen, beachten Sie folgendes: Lassen Sie Ihr Logo im Briefkopf immer oben rechts platzieren! Selbst dann, wenn der Trend einmal ein anderer sein sollte, zum Beispiel das Logo oben links oder in die Mitte des Briefkopfes zu zentrieren. Wenn Ihr Logo oben rechts angebracht ist, genießen Sie folgenden Wettbewerbsvorteil: Möglicherweise heftet der Empfänger Ihren Brief in einem Aktenordner ab. Wenn er dann händeringend Ihre Hilfe braucht und Ihren Brief sucht und dabei den Ordner schnell durchblättert, gewahrt er das oben rechts stehende Logo als erstes. Somit helfen Sie den Besitzern Ihrer Briefe mit der taktisch klugen Platzierung Ihres Logos, Ihre Informationen schnell zu finden.

2. Die Adresse

Beim Tippen der Empfängeradresse passieren vielen Briefschreibern bereits die ersten Fehler, die das Gelingen Ihrer Briefaktion gefährden.

Der Name: Schreiben Sie nicht nur den Nachnamen Ihres Adressaten, sondern machen Sie sich die Mühe, auch seinen Vornamen in Erfahrung zu bringen. Das ist wesentlich persönlicher. Ein kurzer Anruf in der Firmenzentrale Ihrer Zielperson bringt Klarheit. Außerdem vermeiden Sie Fehler bei der hausinternen Zustellung. Ihre Zielperson, ein Dr. Moser, kann sowohl ein Mann aber auch eine Frau sein. Spätestens in der Anredezeile entpuppen Sie sich als schlampiger Rechercheur, wenn Sie die promovierte Kapazität mit *Sehr geehrter Herr Dr. Moser* anreden, obwohl es sich in Wirklichkeit um eine Frau Dr. Moser handelt. Nicht nur, dass Frau Dr. Moser darüber not very amused sein dürfte, Ihre nachfolgende Selbstdarstellung als kompetenter Ansprechpartner Ihres Fachs dürfte Frau Dr. Moser kaum noch überzeugen.

Akademische Titel: Führen Sie im Adressfeld sämtliche akademischen Titel ihrer Zielperson auf, also Professor Dr. Dr. Alfons Mustermann.

In der Anrede Sehr geehrter ... schreiben Sie allerdings nur noch den ranghöchsten Titel, also *Sehr geehrter Herr Professor Mustermann* ... oder die moderne, floskelfreie Version, *Guten Tag Herr Professor Mustermann*....

Firmennamen: Diese sollten im jeweiligen Corporate Design des anzuschreibenden Unternehmens geschrieben werden, wie zum Beispiel *DaimlerChrysler, e.on, MedienUnikate* etc.

Zu Händen (z. Hd. v.): Wird gerne verwendet, wenn das Unternehmen zuerst genannt und der Name des Empfängers an zweite Stelle gesetzt wird. Diese Zusatzangabe ist völlig veraltet und wird von der gängigen Briefnorm DIN 5008 nicht mehr empfohlen. Veraltet ist übrigens auch *An Herrn Max Muster* zu schreiben. *Herr Max Muster* ist die moderne Formulierung.

Wenn Sie ohnehin den Namen Ihrer Zielperson wissen, setzen Sie diesen am besten immer an die erste Stelle und das Unternehmen an die zweite. Dadurch wirkt Ihr Brief bereits im Adressfeld viel persönlicher und Sie zeigen Ihren Respekt vor dieser Person.

Straße: Viele Briefschreiber machen sich nicht die Mühe, den Straßennamen auszuschreiben. Das kostet offenbar schon wieder zuviel Zeit, die der potenzielle Kunde wohl nicht wert ist? Machen Sie das Gegenteil und schreiben Sie statt Musterstr. Musterstraße. Das kann ein entscheidender Wettbewerbsvorteil sein.

Ortsangabe: Den Ortsnamen bitte nicht unterstreichen. Die Briefsortiermaschinen bei der Post können unterstrichene Worte nicht lesen. Die Zustellung benötigt einen Tag länger, weil Ihr Brief per Hand sortiert werden muss. Im Zweifelsfall kann Ihnen das den Wettbewerbsvorteil kosten, zum Beispiel, wenn Sie an einer Ausschreibung teilnehmen.

Liebe Autorin, werden Sie geschätzter Leser eventuell denken. Soviel Penibilität bei der Adresse, muss das wirklich sein? Wie gesagt: Ihr Brief ist Ihre Visitenkarte, die einen ersten Eindruck auf Ihr Können vermittelt. Erinnern Sie sich an meinen Brief an Frau Hartl aus Bielefeld: Als ich die Dame anrief, sagte sie mir unter anderem, dass mein Brief eine bemerkenswerte und erfreuliche Ausnahme in der täglichen Briefflut für sie gewesen sei. Ich sei eine von ganz wenigen, die sich die Mühe machen, ihren Namen und ihre Funktion und den Namen ihrer Firma korrekt zu schreiben. Umso mehr habe sie sich auf das angekündigte Telefongespräch gefreut. Was sie denn für mich tun könne, war ihre Frage. Noch Zweifel?

Datum

Selbst bei der Datumsangabe gibt es gut fünf Möglichkeiten, Fehler zu machen. Völlig veraltet ist, *Hamburg, den 30.Januar 2006* zu schreiben. Korrekt ist: *Hamburg, 30.Januar 2006*. Aus Gründen der Lesbarkeit sollten Sie:

- den Monatsnamen in Worten schreiben, nicht in Ziffern.
- einstellige Tagesangaben niemals mit einer Null vorweg schreiben, also nicht: *Hamburg, 09.Januar 2006*, sondern *Hamburg, 9.Januar 2006*.
- die Jahreszahl immer vierstellig schreiben, also 2006 und nicht 06.
- Sind Sie ein Fan amerikanischer Datumsangaben, das heißt, schreiben Sie zuerst die Jahreszahl, dann den Monat und erst dann den Tag? Und alles in Ziffern? Im europäischen Raum ernten Sie damit leicht Verwirrung und sollten sich zurückhalten. Der Empfänger wundert sich, wenn er einen von Ihnen auf den 2006.11.02 datierten Brief bekommt, obwohl der Kalender bereits den 02.11.2006 zeigt.

3. Betreffzeile

An dieser Stelle müssen Sie das Interesse des Lesers wecken. Aber Vorsicht: Genauso wie *zu Händen von* eine völlig veraltete Schreibweise ist, trifft das auch für das Wort *Betreff* oder *Betr.* zu. Lassen Sie es weg. Finden Sie stattdessen eine Überschrift, die die Aufmerksamkeit fesselt und neugierig auf den Inhalt macht. Allerdings: Auf reißerische Überschriften sollten Sie verzichten. Denken Sie an die zwei Sekunden maximaler Aufmerksamkeit. Überschriften, die auch nur den Anschein von Werbung vermitteln, transportieren Ihre Information schnell Richtung Papierkorb, aber nicht ins Gedächtnis Ihres Empfängers. Stattdessen: Haben Sie ruhig den Mut zur Ehrlichkeit. Damit sind Sie eine rühmliche Ausnahme im Gros der geschäftlichen Briefschreiber.

Angenommen, Sie sind selbstständiger Personaldienstleister und auf der Suche nach neuen Auftraggebern. Ihre Zielgruppe sind Personalleiter in mittleren und großen Unternehmen. Wie wäre es mit: „*Manfred Mustermann, Inhaber der ABC-Personalagentur stellt sich vor und möchte Sie als Kunden gewinnen. Denn mit der 1,2,3-Methode finde ich die richtigen Mitarbeiter für Sie.*" Keine Phrasen, keine Worthülsen, sondern eine aufrichtige Äußerung Ihrer Absicht. Wer will dagegen etwas sagen?

Ehrlich währt am längsten. Das gilt in der täglichen Werbeflut auch für Akquisebriefe. Ein guter Geschäftskontakt von mir verriet mir einmal, dass er seinen Praktikanten mal angewiesen habe, die Geschäftspost zu sortieren, und zwar in die Gruppe ´Papierkorb´ und in die Gruppe ´Zur weiteren Bearbeitung´. Keine weiteren Angaben. Raten Sie mal, an was sich der Praktikant orientierte? Richtig, an der Betreffzeile. Werbeversprechen ohne einen Hauch von Glaubwürdigkeit oder Aussicht von Nutzen hatten selbst bei dem Praktikanten keine Chance. Und das betraf die Mehrheit der von ihm sortierten Briefe.

Anrede

Haben Sie ruhig Mut zum Neuen, Andersartigen, Überraschenden. Sicher, mit der allseits bewährten Anrede *Sehr geehrte(r)* können Sie nichts falsch machen. Es hebt Sie aber auch nicht aus der Masse der Briefschreiber hervor. Am Telefon melden Sie sich schließlich auch nicht mit Sehr geehrter Herr Meier, sondern mit Guten Tag Herr Meier oder Grüß Gott Frau Moser. Erinnern Sie sich: Ein frischer, lebendig geschriebener Brief vermittelt beim Empfänger das Gefühl, da schreibt ihm ein netter, sympathischer Mensch einen persönlichen Brief. Schon allein aus diesem Grund ist der Empfänger neugierig und liest weiter.

4. Verabschiedung und Unterschrift

Mut zum Andersartigen können Sie auch am Ende Ihres Briefes beweisen. Statt dem floskelhaften *Mit freundlichen Grüßen* vermitteln Sie einen wesentlich persönlicheren und sympathischen Eindruck, indem Sie sich mit *Herzliche Grüße aus Hamburg* oder *Sommerliche Grüße nach Düsseldorf* verabschieden. Prüfen Sie aber, ob die Ortsangabe im Adressfeld mit dem Ort in Ihrer Grußformel übereinstimmt. Insbesondere dann, wenn Sie Ihren Brief mit der Serienfunktion erstellen.

Unterschreiben Sie immer, und zwar mit Ihrem Vor- und Zunamen. Meiers gibt es in Firmen mitunter viele, einen Siegfried Meier eher nur einmal. Bei telefonischen Rückantworten Ihres Empfängers kommt es zu keinen Verwechslungen. Zudem ist es hilfreich zu wissen, ob ich es mit einer Dame oder einem Herrn als Ansprechpartner zu tun habe. Fehlt Ihre Unterschrift, gewinnt Ihr Brief schnell den Eindruck, eine maschinell erstellte Massendrucksache zu sein. Und: Unterschreiben Sie mit blauer Tinte. Damit erhalten Sie den persönlichen Eindruck Ihres Schreibens. Selbst dann, wenn Sie Ihre Unterschrift in blauer Farbe von einer Druckerei maschinell erstellen lassen.

5. Übrigens

Zugegeben, in Zeiten moderner Textverarbeitung mit dem Computer ist ein P.S., das Post scriptum, überflüssig geworden. Zusätzliche Informationen tippte die Sekretärin zu Zeiten der mechanischen Schreibmaschine mittels eines P.S. ans Ende des Briefes und ersparte sich damit, den kompletten Brief noch einmal schreiben zu müssen. Eine zwar nicht mit P.S. aber mit Übrigens am Ende Ihres Briefes hervorgehobene Information erreicht eines: Sie gewinnt noch einmal die volle Aufmerksamkeit Ihres Lesers, und das zu einem Zeitpunkt, wenn dieser Ihren Brief bereits in die Ablage befördern will. Hier ist der Platz für eine entscheidende Information! Ich nenne das auch gerne den Columbo-Effekt. Sie kennen sicher den berühmten, schusselig wirkenden Fernseh-Inspektor mit dem ewig zerknautschten Trenchcoat? Nach seinen belanglosen Plaudereien mit den Tatverdächtigen dreht er sich, die Türklinke bereits in der Hand, noch einmal um und stellt die alles entscheidende Frage: „Übrigens, bevor ich es vergesse…"

Übrigens: Wenn Sie bis zum… buchen, erhalten Sie einen Frühbucherrabatt von acht Prozent!

Übrigens: Auf unserer Homepage www… finden Sie weitere aktuelle Seminartermine.

6. Text

In den vorangegangenen Kapiteln haben Sie bereits kennen gelernt, auf was es bei kundenorientierten Briefen inhaltlich ankommt. Gestalten Sie Ihren Brief ohne Floskeln, veranschaulichen Sie bildhaft die Vorteile Ihres Angebots, schreiben Sie positiv und Sympathie erweckend, und vor allem: Schreiben Sie in der Sie-Perspektive.

Achten Sie aber auch auf Optik, Länge und Schrift: Ihr Brief sollte mit großzügigem Weißraum locker gestaltet sein. Detailinformationen sind in beigefügten Prospekten besser aufgehoben als im Anschreiben. Achten Sie auf ein harmonisches, gefälliges Gesamtbild des Briefes. Spendieren Sie Ihrem Brief ausreichend breite Seitenränder, links für die Lochung, rechts für Notizen. Vermeiden Sie Blocksatz. Sonst erweckt Ihr Brief beim Empfänger den Eindruck, eine Massendrucksache zu sein. Schreiben Sie linksbündig, im Flattersatz. Verwenden Sie nur eine gebräuchliche, serifenlose Schrift, wie zum Beispiel Helvetica oder Arial. Hervorhebungen gestalten Sie am besten in Fett- oder Kursivdruck. Gehen Sie aber bitte sparsam damit um. Ein Brief mit zu vielen Hervorhebungen ist wie eine zu grell geschminkte Frau: Er wirkt aufdringlich und erzeugt Abwehr. Unterstreichungen sollten Sie aus Gründen der Lesbarkeit vermeiden. Bei der Schriftgröße wählen Sie am besten zwischen einer 10- und 12-Punkt-Schrift.

Checkliste

Ihr Geschäftsbrief sollte folgende Bausteine enthalten:

- nur eine Seite
- exakte Anschrift
- genaues Datum
- plakative Überschrift
- richtige Anrede
- blaue Unterschrift
- Flattersatz, kein Blocksatz
- lockere Gestaltung
- serifenlose Schrift
- Schriftgröße zwischen 10 und 12 Punkt

2.6 Mit kreativen Methoden Schreibhemmungen überwinden

Schön und gut werden Sie jetzt denken, nachdem Sie aus den vorangegangenen Seiten über die Befindlichkeiten Ihrer Briefempfänger Bescheid wissen und die Kniffe guten Briefstils kennen. Jetzt wissen Sie, dass Sie nicht Ihr eigenes Können und Leisten in den Vordergrund stellen sollten, wenn Sie um die Gunst Ihres Kunden werben, sondern dessen Bedarf und Vorteil, den er hat, wenn er Ihre Produkte kauft. Sie wissen, welche Formulierungen nichts weiter als Floskeln und Phrasen sind, also inhaltsleeres Füllmaterial Ihres Briefes und welche Formulierungen Aufmerksamkeit wecken. Die Theorie ist das eine, die Praxis eine andere Sache. Jetzt wollen Sie Ihre tollen Ideen aufschreiben. Sie nehmen ein Blatt Papier zur Hand oder starten das Textverarbeitungsprogramm in Ihrem Computer, wollen loslegen und…nichts geht mehr. Rien ne va plus! Der Kopf ist plötzlich leer und das Papier oder der Bildschirm bleiben es auch. Reden ist Silber, schreiben ist Gold möchten Sie mit dem Herrgott-hilf-mir-Blick gen Himmel stöhnen, wenn die geistreichen Ideen mal wieder auf sich warten lassen. Mündlich wäre das alles kein Problem, aber schriftlich – die reinste Tortour. Sobald Sie sich niedersetzen und einen Brief schreiben wollen, geht die Quälerei los, denn die Gehirnwindungen krampfen sich ein. In der Tat: Im Mündlichen tun sich die meisten Menschen leichter als im Schriftlichen. Klar, Sprache ist mithin das Typischste aller menschlichen Eigenschaften. Seit Jahrtausenden teilen wir unseren Mitmenschen in Worten mit, was wir denken oder meinen. So mancher begnadete Redner schlägt seine Zuhörer mit Geist und Witz in den Bann und unterhält sein Publikum über Stunden. Im Berufsleben ist das auch nicht viel anders. Da überzeugen wir zum Beispiel mit brillanten Argumenten über die Notwendigkeit einer neuen Vertriebsstrategie. In der Kaffeepause tauschen wir mit den Kollegen so manche Neuigkeit aus der unternehmenseigenen Gerüchteküche aus und mit den Kunden verhandeln wir schlagfertig um die besten Preiskonditionen. Wenn wir aber unsere Gedanken zu Papier bringen sollen, quälen wir uns, unsere Absichten schriftlich zu formulieren. Die meisten Schreiber sind sich völlig im Klaren darüber, was sie ausdrücken wollen, aber der Gedanke lässt sich nicht ohne weiteres aufs Papier bannen. Der Grund dafür sind Denkblockaden und Schreibhemmungen. Flüchtige Gedanken sollen plötzlich fixiert werden. Der Geist sprudelt die Ideen nur so aus sich heraus, aber die Finger sind nicht so schnell, sämtliche Gedanken mit der gleichen Geschwindigkeit nieder zu schreiben.

Und dann meldet sich zu allem Überfluss auch noch unser kleiner aber gemeiner Zensor, der unablässig in unserem Kopf herum spukt, sich unentwegt dazwischen schaltet und darüber meckert, was für einen Blödsinn wir wieder mal zusammen phantasieren.

Aber genau diesen kleinen „Häwelmann" in Ihrem Hinterkopf sollten Sie gerade am Anfang ignorieren. Auf Anhieb schreibt kaum jemand den perfekten Werbebrief. Schreiben Sie drauf los und bringen Sie erst dann Ihren Text in eine strukturelle Form. Der Feinschliff kommt immer zuletzt. Setzen Sie sich nicht unter Druck, sondern gehen Sie kreativ an die Sache ran.

1. Tipp: Kreativität fängt mit Ordnung an
Gehören Sie auch zur Kategorie der Schreibtischtäter, die zwischen Aktentürmen, Notizzettellandschaften, Bücher- oder Zeitschriftenhalden ihre Arbeit erledigen? Dann sollten Sie zuerst einmal Ihren Schreibtisch gründlich von der Zettelwirtschaft entrümpeln. Ein aufgeräumter Arbeitsplatz wirkt Wunder, denn er unterstützt kreatives Brainstorming und fördert den Gedankenfluss. Liegengebliebene und unerledigte Arbeiten lenken Sie ab und hindern Sie daran, sich auf Ihren Text zu konzentrieren. Befinden sich mehrere Arbeitsvorgänge auf Ihrem Tisch, dann räumen Sie diese beiseite. Nur die Unterlagen, die mit Ihrer Korrespondenz zu tun haben, liegen auf dem Schreibtisch und sonst gar nichts.

2. Tipp: Vermeiden Sie Stress und Hektik. Gute Texte lassen sich nicht so mal eben zwischendurch schreiben. Von Hektik getrieben, brauchen wir etwa fünfmal so lange wie notwendig.

3. Tipp: Lernen Sie Nein zu sagen. Jedes Handy hat einen Knopf zum Ausschalten oder eine Mobilbox. Legen Sie Ihren Telefonanschluss auf den Anrufbeantworter oder auf das Gerät Ihrer Assistentin um und teilen Sie Ihr mit, in welcher Zeit Sie nicht gestört sein wollen. Führen Sie Ihre Telefongespräche zu festgelegten Zeiten. Dem netten Kollegen, der kurz auf einen Kaffeeplausch zur Tür reinschaut, müssen Sie auch mal einen Korb geben, mit dem Angebot, sich für ein Gespräch zum Mittagessen zu verabreden.

4. Tipp: Lassen Sie Ihren PC oder Ihre Schreibmaschine anfangs noch ausgeschaltet.
Schreiben Sie Ihren Text per Hand zunächst auf ein Blatt Papier. Durch das handschriftliche Formulieren geraten Ihre Gedanken in Fluss. Das Hantieren mit PC und Software aktiviert dagegen zu stark die rationale Seite Ihres Gehirns. Das unterdrückt Ihre Kreativität. Das Formatieren des Textes lenkt Sie außerdem von Ihren Gedanken ab, der Textfluss wird abgebrochen.

5. Tipp: Versuchen Sie nicht auf Anhieb perfekt zu schreiben.
Lassen Sie Ihre Gedanken fließen. Achten Sie noch nicht auf Rechtschreibung oder Interpunktion. Viel zu oft lassen wir es beim Schreiben zu, dass sich unser „Zensor" im Kopf dazwischendrängelt und uns einredet, was für einen Stuss wir gerade wieder fabrizieren. Hören Sie nicht auf ihn!

6. Tipp: Finden Sie Ihre ganz persönliche kreative Zeit heraus.

Sind Sie eine Lerche oder eine Eule? Oder anders herum gefragt: Gehören Sie zu den aktiven Morgen- oder zu den Abendmenschen? Jeder von uns hat seine ganz persönliche Bestzeit im Laufe des Tages, in der er am kreativsten ist. Springen Sie morgens in aller Herrgottsfrühe aus dem Bett und sind fit und munter? Sind Sie der erste morgens im Büro, der schon das erste Drittel seines Tagespensums erledigt hat, wenn die anderen Kollegen gähnend und wortmuffelig zum Arbeitsplatz latschen? Wenn das der Fall ist, gehören Sie zu den so genannten „Lerchen". Ihre innere Uhr ist so getaktet, dass Sie morgens am aktivsten sind. In der frischen würzigen Morgenluft trifft man diese Zeitgenossen beim Joggen im Park. Nutzen Sie diese Fitness am Morgen, denn dann arbeiten Ihre grauen Gehirnzellen auf Hochtouren. In dieser Phase gelingen Ihnen Texte am besten. Kollegen stören Sie noch nicht mit nervenden Fragen, das Telefon bleibt still und so haben Sie alle Zeit und Muße, wirkungsvolle Briefe zu schreiben.

Wenn Sie dagegen zu den „Eulen" gehören, sind Sie ein Abendmensch und Ihre kreative Phase beginnt am späten Nachmittag. Wenn es schon wieder Richtung Dienstschluss geht, drehen Sie erst so richtig auf. Legen Sie das Briefschreiben auf die Nachmittags- oder auch Abendstunden. Nutzen Sie die Vormittagsstunden lieber für Telefonate, Recherche- oder Büroarbeiten.

Jeder Mensch braucht auch eine gewisse Umgebung, in der er am kreativsten arbeiten kann. Der eine benötigt frische Blumen auf dem Schreibtisch und das Foto seiner Lieben daheim, gerahmt auf Schreibtisch oder digital als Bildschirmschoner auf dem Monitor. Der eine schließt am liebsten die Tür hinter sich und sucht absolute Ruhe, der andere braucht leise Radiomusik oder das Gewusel und Gewurrle der Kollegen, kurz: einen gewissen Geräuschpegel, um seine Gedanken fließen zu lassen und sie aufs Papier zu bringen. Für Deutschlands Meister des feinsinnigen Humors, Victor von Bülow, alias Loriot zum Beispiel war das Münchner Café Luitpold in den sechziger Jahren des vergangenen Jahrhunderts das Arbeitszimmer. Jeden Tag saß er da und schrieb oder zeichnete. Zu Hause an seinem Schreibtisch war es gewiss ruhiger, aber da waren der Rasen, der gemäht werden musste oder seine Möpse, die dringend mal Gassi gehen wollten. Das Kaffeehaus dagegen bot ihm einerseits eine angenehme Distanz, die nicht ablenkt und andererseits einen belanglosen Trubel, der einen nichts angeht.

Und noch ein Spezialtipp:

Machen Sie am Anfang erst einmal ein Brainstorming. Schreiben Sie in Stichpunkten auf, was Sie alles in Ihrem Brief erwähnen wollen. Um Ihre Gedanken in eine logische Struktur zu bringen, eignet sich die Methode des *Mind Mapping*.

Schreiben Sie Ihr Thema in die Mitte auf ein Blatt Papier. Verkaufen Sie zum Beispiel Private Krankenversicherungen? Dann sammeln Sie zunächst Stichworte oder Aspekte, Substantive und Adjektive, die Ihnen zu diesem Thema oder zu den Leistungsmerkmalen Ihres Produktes einfallen und die Sie in Ihrem Text verwenden wollen. Ordnen Sie diese Einfälle rund um Ihr Zentralthema an. Formulieren Sie Ihre Stichworte und fassen Sie sie in Wortfeldern zusammen.

Das Mind Mapping ist eine Art Cluster. Eine kreative Landkarte, die Ihnen auf einen Blick alle Stichworte zu einem Thema oder aber für Themen liefert.

Ast für Ast und Zweig für Zweig können Sie Ihre Gedanken und Informationen abarbeiten und sie in eine logische Struktur zueinander bringen. Diese Schlüsselbegriffe bilden das Textgerüst, das Sie mit aussagekräftigen Sätzen ausfüllen.

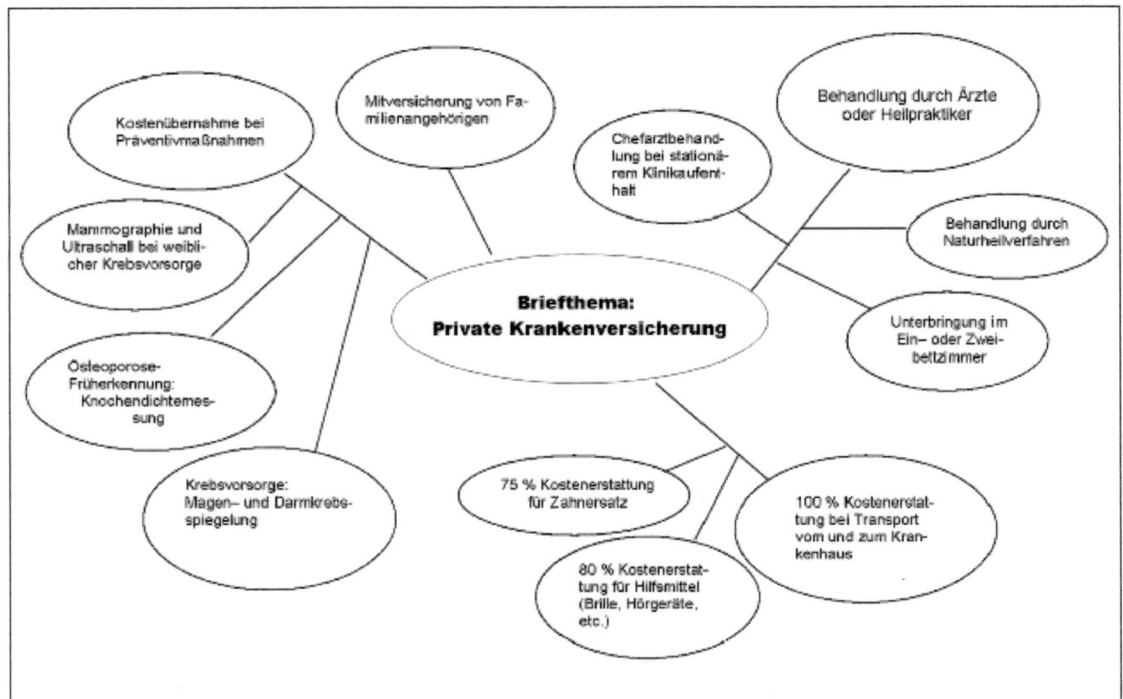

Bild 6: Mind Map

Checkliste Kreativ Schreiben

- Räumen Sie Ihren Schreibtisch auf, schaffen Sie Ordnung und Übersicht.

- Schreiben Sie Ihren Brief nicht zwischen Tür und Angel. Vermeiden Sie Stress und Hektik.

- Lassen Sie sich nicht ablenken. Schalten Sie Ihr Handy aus und machen Sie die Bürotür zu.

- Schreiben Sie am Anfang Ihren Text per Hand. Die Ausarbeitung können Sie dann mit Ihrem PC vornehmen.

- Formulieren Sie Ihre Texte ohne Zensur. Den Feinschliff in Sachen Rechtschreibung und Stil können Sie beachten, wenn Sie die Grundform Ihres Textes erstellt haben.

- Finden Sie Ihre ganz spezielle kreative Tageszeit heraus. Machen Sie Ihr Brainstorming mit Hilfe einer Mind Map.

3 Der Werbebrief per E-Mail

3.1 Korrespondenz mit eingebauten Fettnäpfchen

Gegenüber dem guten alten Brief hat der elektronische Brief, die E-Mail, so manchen Vorteil. Der größte davon ist die Schnelligkeit. Sobald der Absendeknopf gedrückt ist, landet die Nachricht auch schon wenige Sekunden später beim Empfänger. Informationen können auf diese Weise schneller verwertet, Entscheidungen oder Abmachungen rascher getroffen werden.

Aber genau an dieser Stelle verbirgt sich eine Tücke. Die Schnelligkeit des Mediums verleitet zur Flüchtigkeit. Auf Stil und Form des Anschreibens wird nicht mehr geachtet. Bei einem Brief macht sich der Schreiber viel mehr Gedanken über Ausdruck und Wortlaut, denn seine Absichten stehen dann schwarz auf weiß geschrieben und sind per Unterschrift vom Verfasser besiegelt.

So modern, unkompliziert und schnell die elektronische Korrespondenz in ihrer Anwendung auch sein mag, auch Ihr Geschäftsbrief per E-Mail unterliegt den Regeln guten Stils und guter Etikette. Hastig eingetippte Gedanken mögen für die Verabredung unter Kollegen oder Freunden noch legitim sein, eine E-Mail an den Kunden, mit der gleichen Nonchalance getippt, kann sich fatal auf das Geschäftsverhältnis auswirken.

Flüchtigkeitsfehler und mangelnder Respekt im Ausdruck rächen sich schnell am Absender und können die Aussicht auf erfolgreiche Geschäftsbeziehungen zunichte machen. Wenn Sie sich schon beim E-Mail-Schreiben keine große Mühe geben, wie wird dann erst das Ergebnis Ihrer Arbeit aussehen? Mit Recht kann der Kunde derartige Annahmen über Ihre Leistungskraft oder die Ihres Betriebes anstellen. Das Image Ihres Unternehmens ist durch allzu unüberlegte Leichtfertigkeit schnell dahin.

Die Ergebnisse einer Befragung, die das Marktforschungsinstitut TNS Emnid unter beruflichen Internetnutzern veranstaltete, zeigen es deutlich: Von tausend befragten Personen ärgert es die Mehrheit von E-Mail-Empfängern, wenn kein eindeutiger Betreff vorhanden ist oder eine E-Mail viele Tippfehler enthält. Die meisten beklagen sich zudem über den Mangel an Höflichkeit und vermissen eine korrekte Anrede und einen freundlichen Verabschiedungsgruß.

Gute Umgangsformen im schriftlichen Ausdruck gelten genauso für die elektronische Korrespondenz.

Tabelle 5: TNS-Emnid-Umfrage

	Total	Total		Geschlecht		Alter					Schulbildung des Befragten			
		West	Ost	M	W	14-29 Jahre	30-39 Jahre	40-49 Jahre	50-59 Jahre	60+ Jahre	Volks ohne Lehre	Volks mit Lehre	mittl. Bild. Absch.	Abi, Uni
Basis (=100 %)	1000 %	808 %	192 %	582 %	418 %	295 %	297 %	255 %	116 %	37 %	9 %	230 %	327 %	376 %
wenn der Betreff nicht eindeutig ist	66	65	71	69	62	59	66	69	72	83	93	67	65	64
wenn eine E-Mail viele Tippfehler enthält	64	63	67	58	71	59	65	61	69	88	46	54	64	71
wenn eine Anrede fehlt	51	50	53	46	58	53	52	46	51	54	84	50	47	53
wenn kein Gruß vorhanden ist	47	48	43	41	56	49	45	51	43	44	14	49	42	51

Befragungszeitraum: 19.12.2002 - 06.01.2003

Tabelle 5: Störende Faktoren bei E-Mails von Kunden und Geschäftspartnern.
Wie sehr stören Sie folgende Punkte (...), bei externen E-Mails, wie z. B. von Kunden und Geschäftspartnern. Stört es Sie sehr, stört es Sie, stört es Sie eher weniger, stört es Sie gar nicht,...?

Quelle: Studie TNS Emnid

Bei den Empfängern Ihrer E-Mail können Sie sich außerdem sehr unbeliebt machen, wenn Sie Ihnen im Anhang Megabyte starke Inhalte mitschicken. Wie es so oft passiert: Da lernt man sich auf einer Messe oder einem Unternehmertreff kennen, tauscht die Visitenkarten aus und erhält fortan Werbe-E-Mails, die es buchstäblich in sich haben. Ich selbst war einige Zeit leidgeprüfte Empfängerin einer Werbemail mit satten 900 Megabyte (!) Dateninhalt. Damals verfügte ich noch nicht über die schnelle, leistungsfähige und kostengünstige DSL Flatrate-Verbindung ins Internet. Bis diese Mail in meinem elektronischen Briefkasten war, dauerte es sage und schreibe 20 Minuten! Die Übertragungskosten waren dementsprechend hoch, meine Wut über sowenig Kundenfreundlichkeit des Versenders auch. Die satten 900 Megabyte wurden allerdings nicht durch umfangreiche Textinhalte verursacht, die etwa Margaret Mitchells Bestsellerroman „Vom Winde verweht" alle Ehre gemacht hätten. Schuld war einzig und allein ein farbiges Firmenlogo, das in das Dokument integriert war und dem Werbe-Blabla in frischem Mintgrün den letzten Pep verabreichen sollte. Die Versender, zwei Damen, die sich als Coach und Beraterinnen für Wellness am Arbeitsplatz anboten, missachteten so ziemlich jede Anforderung der Netikette (Gute Umgangsformen im Internet). Doch nicht nur das. Auch in punkto Übertragungssicherheit machten sich die Versenderinnen keine allzu großen Gedanken darüber, dass ihre Werbemail nicht nur mit Informationen, sondern möglicherweise auch mit gefährlichen Computerviren gespickt sein könnte.

Die Werbung in Form eines Newsletter, versendeten die Damen nämlich im Anhang der E-Mail als reines Textdokument, das mit dem Textverarbeitungsprogramm „Word" erstellt worden war. Ein mit „Word" erstelltes Textdokument kann zwar von den meisten Computernutzern geöffnet und gelesen werden, weil es im Dateiformat .doc abgespeichert ist. Dieses Dateiformat hat sich in der Computerwelt als überaus kompatibel durchgesetzt. Das wiederum ist aber auf dem Versandweg ein großer Nachteil, denn ein Worddokument ist nicht nur vom Empfänger, sondern bereits schon auf seinem Weg über die Datenautobahn von jedem lesbar. Der Inhalt wird als Klartext offen, das heißt nicht verschlüsselt und damit vor fremdem Zugriff gesichert, über das Internet versendet. Mit anderen Worten: Wenn Sie Informationen per Worddokument über das Internet verschicken, handeln Sie genauso, als würden Sie Ihre Informationen auf eine Postkarte schreiben und diese mit der Post versenden. Sensible oder vertrauliche Informationen sollten Sie deshalb nie als Worddokument via E-Mail versenden. Der gute klassische Brief per Post verschickt, ist für vertrauliche Informationen die sicherste Versandmethode. Worddokumente sind auf dem elektronischen Datenweg versendet, leicht missbrauchbare Dateien. Hacker können diese Dokumente abfangen und mit Viren infizieren. Der Schaden, den solche Dateien beim Empfänger auf dessen PC anrichten können, ist immens. Viele Internetnutzer schützen sich bereits vor solchen Spam-Mails (engl.: Spam = Müll) und rüsten ihre PCs mit Firewalls und Filterprogrammen. E-Mails dieser Art werden bei derart gesicherten Computern als Spam aussortiert und landen gar nicht mehr im elektronischen Postfach. Die Werbewirkung ist somit gleich Null. Zudem sind Worddokumente auch von jedermann in ihren Inhalten veränderbar. Jeder Empfänger kann die Inhalte zu seinen Gunsten verändern und weiter vermarkten. Das Urheberrecht ist damit verletzt. Wer zum Beispiel hochwertige Informationen als Newsletter versendet und dazu das Worddokument nutzt, muss sich nicht wundern, wenn er seine Informationen eines Tages als Buch im Handel wieder entdeckt. Verdienen wird er daran jedoch keinen Cent, und auch seine Urheberrechte wird er kaum beweisen können, denn er hatte beizeiten nicht dafür gesorgt, seine Inhalte entsprechend zu schützen. Das geht ganz einfach, indem er seine Informationen zum Beispiel in einem pdf-Dateiformat (**p**ortable **d**ocument **f**ormat) versendet, diese mit einem Schreibschutz versieht und einen Copyright-Vermerk unter seine Informationen setzt.

Checkliste:

Der kleine E-Mail-Knigge

- Achten Sie auf fehlerfreien Text
- Formulieren Sie eine korrekte Anrede und eine höfliche Grußformel
- Schreiben Sie einen eindeutigen Betreff
- Verschicken Sie keine E-Mails mit Megabyte starkem Inhalt
- Verschicken Sie keine Dateianhänge als Worddokument, wegen:
- Gefahr der Urheberrechtsverletzung: Eine Worddatei ist veränderbar
- Gefahr der Virenübertragung beim Online-Transfer
- Keine Verschlüsselung – deshalb hohes Sicherheitsrisiko
- Viele Dateianhänge kommen beim Empfänger gar nicht an
Grund: Firewalls und Filterprogramme

3.2 E-Mail-Kommunikation verlangt schnelle Reaktion

Übrigens wussten Sie schon, dass der Grad Ihrer Kundenorientierung sehr gut anhand Ihrer Reaktionszeit auf eintreffende E-Mail-Anfragen gemessen werden kann? Wie? Ganz einfach: Der E-Mail wird heutzutage der Vorzug wegen ihrer Schnelligkeit gegeben. Der Brief per Post versendet, gilt als Snail-Mail, also als Schneckenpost. Umso erstaunlicher ist es, dass es in vielen Unternehmen oft Tage dauert, bis auf eine Anfrage per E-Mail reagiert wird. Und das, obwohl eine E-Mail innerhalb von Sekunden zugestellt werden kann.

Der Grund dafür ist in vielen Fällen mangelhafte Organisation. In vielen Unternehmen ist nach wie vor nicht geregelt, wer für Kundenanfragen, Bestellungen oder Beschwerden zuständig ist. Lieschen Müller aus dem Sekretariat wird diese Aufgabe gerne aufgebürdet. Doch die gute Seele ist mit Angelegenheiten des Kundenservice heillos überfordert.

Ein mangelhafter Kundenservice aber kann den Erfolg Ihres Unternehmens schnell zunichte machen. Im Zeitalter, wo Produkte oder Dienstleistungen einander immer ähnlicher werden, wo die Qualitäten auf hohem Niveau miteinander vergleichbar sind und beim Preis die Luft längst raus ist, ist ein kundenfreundlicher Service fast schon überlebenswichtig für das Unternehmen. Für den Kunden sind Qualität und Preis nicht mehr die primären Entscheidungskriterien. Der Kunde entscheidet sich vielmehr dauerhaft für Ihr Angebot, wenn er Vertrauen in Ihr Produkt, vor allem aber in Ihren Service haben kann. Die Kundenbetreuung vor, während und nach dem Kaufprozess gerät in Zeiten der Geiz-ist-geil-Mentalität immer mehr zum Drehmoment für Erfolg oder Misserfolg am Markt.

> **Checkliste:**
>
> Definieren Sie klare Prozesse in Ihrem Unternehmen
>
> - Legen Sie fest, welche Mitarbeiter für elektronische Kundenanfragen, welche für Bestellungen und welche für Beschwerden zuständig sind.
> - Bestimmen Sie die nachgeordneten Bearbeitungsprozesse. An wen werden Anfragen zum Beispiel zu technischen Details weitergeleitet? Bestimmen Sie vor allem in diesem Fall, ob der Sachbearbeiter auch mit dem Kunden per E-Mail Kontakt aufnehmen darf oder ob dies der Annahmestelle vorbehalten bleibt.
> - Setzen Sie bei Ihrem Qualitätsmanagement klare Richtlinien: Bestimmen Sie, wie viel Zeit zwischen dem Eingang einer E-Mail und deren Bearbeitung beziehungsweise Beantwortung maximal vergehen darf.
>   Definieren Sie, wie oft am Tage das E-Mail-Postfach geleert wird und von wem?

3.3 Das Internet ist kein rechtsfreier Raum

Besitzen Sie eine eigene E-Mail-Adresse und nehmen damit teil am Internet? Dann freuen Sie sich sicher auch so riesig, wenn Sie morgens Ihren Computer anschalten und als erstes Ihre elektronische Post bearbeiten wollen. Wohlmöglich sind Sie die erste Stunde Ihres Arbeitstages damit beschäftigt, fragwürdige Werbeangebote aus Ihrer Mailbox zu löschen?

Werbebriefe per E-Mail zu versenden, ist schnell und modern. Das ist an sich nicht falsch, doch wer dabei die Regeln des neuen Wettbewerbsrechts missachtet, handelt illegal. Dabei spielt es keine Rolle, ob er dies unabsichtlich oder mutwillig tut. Unkenntnis schützt nicht vor Strafe.

Das seit Anfang Juli 2004 in Kraft getretene neue Gesetz gegen den unlauteren Wettbewerb (UWG) verbietet ausdrücklich unerlaubte E-Mail-Werbung (Spam).

Ein Spammer sind Sie nämlich dann, wenn Sie keine Einwilligung des Adressaten haben, ihm elektronische Werbebriefe zu schicken. Ihr Werbeschreiben ist dann eine unzumutbare Belästigung und gilt grundsätzlich als wettbewerbswidrig. Mit anderen Worten: Der Empfänger ihrer Werbe-E-Mail kann juristisch gegen Sie vorgehen und Sie anzeigen. Das gilt auf jeden Fall, wenn Sie sich mit Ihren Werbebriefen an Privatleute wenden. Kaltakquise an Privatpersonen ist per Gesetz grundsätzlich untersagt. Das betrifft auch die telefonische Kaltakquise. Etwas anders sieht es aus, wenn Ihre Zielgruppe Geschäftsleute sind. Hier ist Kaltakquise eingeschränkt zulässig, wenn anzunehmen ist, dass Ihr Angebot dem grundsätzlichen Geschäftsinteresse des Kontaktierten entspricht. Durch diese schwammige Formulierung geriet das UWG bislang zur reinen Auslegungssache. Mit dem Ergebnis, dass immer mehr Geschäftsleute mit Werbemails regelrecht überschwemmt wurden. Der Zeitaufwand, all die vielen Mails zu öffnen, zu sichten und auf Verwertbarkeit zu überprüfen, beansprucht eine enorme Zeit im Geschäftsleben.

Nach Schätzungen der EU entstehen den europäischen Unternehmen jährlich Verluste von 2,5 Milliarden Euro. Weltweit, so meinen einige Experten, verursacht die Spamflut jährlich einen Schaden von bis zu 15 Milliarden Dollar, weil Angestellte ihre Arbeitszeit mit dem Sichten und Löschen der überflüssigen Mails vergeuden.

Lange haben Regierungen, Behörden und Internet-Anbieter dem munteren Treiben der, Expertenschätzungen zufolge, etwa 200 professionellen Spammer zugesehen. Doch inzwischen ist das Verschicken solcher elektronischen Werbebotschaften in vielen Ländern verboten. In Deutschland etwa darf Mail-Werbung nur noch versandt werden, wenn der Kunde zuvor ausdrücklich seine Einwilligung erteilt hat.

Vielleicht überlegen Sie aus Kosten- oder Zeitgründen, Ihre Werbeaktion per E-Mail-Versand an den Mann oder die Frau zu bringen? Das funktioniert, aber nur, wenn Sie in legalem Besitz von E-Mail-Adressen sind. Und hier wird es interessant. Planen Sie zum Beispiel im Rahmen Ihres Marketings, auf Ihre Produkte oder Dienstleistungen per E-Mail aufmerksam zu machen und beabsichtigen Sie, Adressen von Adressverlagen zu kaufen? Wenn Sie nämlich vorhaben, Werbe-Mails an so genannte Kaltadressen zu versenden, also an Empfänger, zu denen Sie bisher noch keinen Kontakt hatten, handeln Sie nach den neuen Statuten des UWG illegal! Massenwerbung über das Internet versendet gilt als Belästigung und kann mit Abmahnungen und Geldstrafen von bis zu 50.000 Euro geahndet werden! Damit erteilt der Gesetzgeber dem rechtswidrigen Versenden von E-Mail-Werbung eine klare Absage.

Keine Regel ohne Ausnahmen. Die sieht auch das überarbeitete UWG vor.

Ihre Werbebriefe per E-Mail sind unter folgenden Aspekten rechtlich zulässig:

- Ein Kunde hat bei Ihnen eine Ware oder eine Dienstleistung bestellt oder gekauft. Dabei hat er Ihnen zum Beispiel seine Visitenkarte überreicht, auf der seine E-Mail-Adresse notiert ist. Auf diese Weise sind Sie legal in Besitz der elektronischen Postadresse gekommen und dürfen dem Kunden Direktwerbung per E-Mail zuschicken.
- Widerspricht der Kunde allerdings dieser Nutzung, müssen Sie Ihre E-Mail-Werbung unterlassen.
- Rechtlich einwandfrei handeln Sie, wenn Sie das Opt-Out-Prinzip wahren. Bei Erhalt seiner E-Mail-Adresse und bei jeder Verwendung weisen Sie den Kunden klar und deutlich darauf hin, dass er der Verwendung seiner Adresse zu Werbezwecken jederzeit widersprechen kann, ohne dass hierfür andere Kosten als die Übermittlungskosten nach den Basistarifen entstehen. Um Widerspruch einzulegen, beziehungsweise um sich als Newsletter-Empfänger abzumelden, darf der Kunde keinesfalls gezwungen sein, dafür teure Service-Nummern (0190er) oder kostenpflichtige Webadressen (Dialer) anzuwählen.
- A propos Newsletter-Versand: Wenn Sie Adressen durch Bestellvorgänge generieren, berechtigt Sie das noch lange nicht, dem Adressinhaber Ihren Newsletter zuzusenden, den Sie unabhängig von Ihrer E-Mail-Werbung auf Ihrer Website anbieten. In diesem Fall gilt das Opt-In-Prinzip. Um Ihren Kunden auch als Newsletter-Abonnent zu gewinnen, benötigen Sie dessen Einwilligung ausdrücklich und vor Gericht auch beweisbar. Das heißt, Ihr Kunde muss sich als Abonnent auf Ihrer Website autorisieren, indem er dort seine E-Mail-Adresse freiwillig angibt. Nur dann dürfen Sie ihm Ihren Newsletter zusenden. Und auch auf Ihrem Newsletter müssen Sie das Opt-Out-Prinzip einhalten und dem Empfänger mitteilen, wie er das Abonnement auch wieder abbestellen kann.

- Ob elektronischer Werbebrief oder Newsletter: Achten Sie auch darauf, dass Sie auf jeder Ihrer Mitteilung eine gültige Adresse angeben, an die der Empfänger jederzeit seinen Widerspruch gegen Erhalt Ihrer Werbung richten kann. Ihre Identität als Absender muss erkennbar sein.

3.4 Erfolg mit Methode

Vielleicht haben Sie sich schon darauf gefreut gehabt, per E-Mail auf Ihre Produkte oder Dienstleistungen hinweisen zu können. Und nun müssen Sie feststellen, dass einer der wichtigsten und modernsten Kommunikationskanäle für Ihre Werbung, insbesondere für Ihre Kaltakquise nicht verwendbar ist.

Machen Sie aus der Not eine Tugend

So kostengünstig, komfortabel, schnell erstellt und verschickt Werbung per E-Mail auch sein mag, der massenhafte Versand verspricht noch lange keinen massenhaften Erfolg. Korrespondenz per E-Mail gelingt nur mit Bedacht und Sorgsamkeit und vor allem nur mit Kenntnis der Rechtslage.

Hier schließt sich der Kreis zum klassischen Werbebrief. Ihre Werbebriefe können Sie uneingeschränkt versenden, egal ob zum Privat- oder zum Geschäftskunden.

Eine E-Mail-Aktion ist eine erfolgsträchtige Methode bei Bestandskunden. Bei Ihrem Kundenstamm haben Sie sich bereits das Vertrauen erworben, Ihre Leistungen und Ihr Angebot sind bekannt. Schnelle Informationen über neue Produkte oder Leistungen werden dann per E-Mail gerne akzeptiert. Außerdem sind Sie in der Regel auch im Besitz legal erhaltener E-Mail-Adressen. Ihre Kunden werden Ihnen diese sicher im Verlauf Ihrer Geschäftsbeziehung mitgeteilt haben. Somit agieren Sie nicht als Spammer und können Ihren Bestandskunden getrost Informationen per E-Mail zusenden.

Bei der Kontaktaufnahme zu Neukunden, von denen Sie noch keine E-Mail-Adressen bekommen haben, sieht die Sache anders aus. Hier erweist sich der Werbebrief als das Mittel der Wahl.

Wenn Sie Neukunden gewinnen wollen, hat Ihre Entscheidung zum Brief wesentlich mehr Chancen auf Erfolg. Der Großteil der Empfänger hält nun mal lieber einen Brief oder auch begleitendes Informationsmaterial wie Prospekte oder Flyer in der Hand. Werbematerial, elektronisch im Anhang einer E-Mail gespeichert, mindert Ihre Chancen auf nachhaltige Aufmerksamkeit. Aus zwei Gründen: Erstens muss der Empfänger Ihres Werbematerials dieses selbst ausdrucken, wobei das Ergebnis aus einem handelsüblichen Schwarzweiß-Drucker selten professionell aussehen dürfte. Zweitens, und das ist viel schlimmer, büßen Sie Ihre Glaubwürdigkeit als seriöser Anbieter erheblich ein, wenn Sie dem Leser Ihres Briefes diese Arbeit und damit die Kosten und Zeitaufwand für die physikalische Herstellung Ihrer Unterlagen selbst überlassen.

Insbesondere als mittelständischer oder Einzelunternehmer oder auch als Freiberufler werden Sie kaum das Massenpublikum suchen, sondern zahlungskräftige Auftraggeber für Ihre Kernkompetenzen. Als solcher werden Sie zudem gar nicht in der Lage sein, massenhafte Einzelaufträge abzuarbeiten. Vielmehr geht es darum, überhaupt Kunden zu finden und diese nachhaltig auf Ihr Angebot aufmerksam zu machen. Das gelingt Ihnen am besten mit dem klassischen Brief.

4 Korrespondenz mit Bestandskunden

4.1 Für jeden Kunden den richtigen Brief

Die meisten Werbebriefe, das wissen Sie nun, landen im Papierkorb, weil sich ihre Verfasser keine Gedanken über die grundsätzlichen Bedürfnisse ihrer Empfänger machen. Chancen auf Vermarktung ihrer Produkte oder Dienstleistungen haben nur diejenigen, die es verstehen, das Bedürfnis ihrer Kunden nach Anerkennung, Sicherheit, Gewinn oder Spaß im Leben zu befriedigen. Sie kennen somit das erste Erfolgsgeheimnis, nämlich das brennendste Problem Ihrer Zielgruppe zu ergründen und dann eine Lösung anzubieten, die das Problem jeder in Frage kommenden Zielperson beseitigt. Damit liefern Sie ihr einen zwingenden Nutzen. Was immer Sie auch tun, denken Sie zuerst immer an Ihre Zielgruppe und überlegen Sie, was Sie ihr Gutes tun können. Wenn Sie zuerst an sich selbst denken, nämlich wie Sie Ihren eigenen Profit vergrößern können, sind Sie direkt auf dem Holzweg und Ihre Werbebriefaktion erweist sich als Grab Ihrer Werbegelder.

Im Fall der Neukundengewinnung, von der in den vorangehenden Kapiteln bislang die Rede war, ist das schon frustrierend genug. Schlimmer ist es jedoch, wenn Ihre Werbebemühungen bei Bestandskunden im Altpapier landen. Gerade im heutigen Zeitalter der Geiz-ist-geil-Mentalität bedeutet ein einmal gewonnener Kunde keine Garantie für stetige Aufträge. Im Gegenteil! Die Loyalität der Kunden ist schon lange nicht mehr das, was sie einst war, der Rotstift regiert in vielen Unternehmen den Einkauf. Wie also lassen sich Bestandskunden auf Dauer immer wieder motivieren, aufs Neue bei Ihnen zu bestellen?

Wie schon gesagt: Für die Gewinnung von Neukunden ist es wichtig, seine Zielgruppe genau zu definieren. Das gilt auch für das Briefe schreiben. Natürlich haben Sie ausreichend die soziodemografischen Merkmale Ihrer Zielgruppe recherchiert. Sie kennen das Alter Ihrer Zielpersonen, wissen die Höhe ihrer Einkommen und kennen den Beruf oder das Ausbildungsniveau ihrer zukünftigen Kunden. Ihnen ist das brennendste Problem Ihrer Zielgruppe bekannt und Sie wissen, welchen zwingenden Nutzen Sie als Problemlöser zu bieten haben. Das alles wissen Sie nun. Bei Bestandskunden indes gehen Sie noch einen Schritt weiter. Denn nun sollten Sie wissen, wem Sie eigentlich schreiben. Damit meine ich: Sie sollten bei Ihrem Ansprechpartner in Erfahrung gebracht haben, welchem Menschentyp Sie im Einzelfall einen Brief schreiben. Gerade kleine und mittlere Unternehmen, aber auch Freiberufler, die erklärungsbedürftige oder komplexe technische Produkte und Dienstleistungen vorwiegend im persönlichen Gespräch verkaufen, haben durch den direkten Kontakt mit dem Ansprechpartner die wunderbare Möglichkeit, die Vorlieben und Macken ihres Gegenübers herauszufinden. Kurz: Sie können feststellen, wie Ihre Zielperson „tickt". Daraus lässt sich eine Strategie für den gezielten Umgang mit unterschiedlichen Kundentypen entwickeln. Hier liegt das zweite Erfolgsgeheimnis versteckt. Wird es missachtet, ist das ein Grund, warum die meisten Werbebriefkampagnen mit Serienbriefgestaltung meiner Meinung nach „Geldverbrenn-Aktionen" sind. Zumindest, wenn sich kleine und mittlere Unternehmen daran versuchen. Ein großer Elektronikmarkt oder ein Möbeldiscounter beispielsweise mag das ohne existentiell bedrohliche Einbußen durchhalten und stößt mit seiner Werbung samt aggressiver Preispolitik im namenlosen Heer der Schnäppchenjäger auf große Resonanz. Da Sie lieber Leser aber ganz sicher nicht über diese geballte Munition an Werbemillionen verfügen, müssen Sie etwas raffinierter vorgehen, um Ihr Budget nicht sinnlos zu verpulvern.

Für wen schreibe ich?

Raffiniert bedeutet in diesem Sinne, dass Sie kundenorientiert Einfluss auf die Entscheidung Ihrer Kunden nehmen, indem Sie deren psychologische Merkmale kennen lernen und gezielt darauf eingehen. Diese Merkmale sind typische menschliche Verhaltensweisen, die jeder von uns in mehr oder weniger starker Ausprägung entwickelt hat. Der Psychologe Carl Gustav Jung (1875 – 1961) hat eine Charakterologie entwickelt, um Grundstrukturen menschlichen Verhaltens nachvollziehbar zu beschreiben. Diese Jung´sche Typologie skizziert Einstellungen und Funktionen im menschlichen Verhalten, sodass damit Prognosen gestellt werden können, wie sich eine Person mit hoher Wahrscheinlichkeit verhalten wird. Nach Jung nimmt jeder Mensch seine Umwelt auf bevorzugte Weise wahr.

Die Wahrnehmung erfolgt dabei über die fünf menschlichen Sinne. Doch nicht alle Wahrnehmungskanäle werden von einem Menschen gleichwertig genutzt. Die Menschen können daher in fünf Gruppen eingeteilt werden, in Abhängigkeit dessen, welcher Wahrnehmungskanal favorisiert wird. So lassen sich die Menschen einteilen in:

Visuelle Typen („ich sehe")

Auditive Typen („ich höre")

Kinästhetische Typen („ich spüre")

Olfaktorische Typen („ich rieche")

Gustatorische Typen („ich schmecke")

Wenn Sie die Möglichkeit haben, Ihren Kunden persönlich kennen zu lernen oder mit ihm zu telefonieren, bevor Sie ihm einen Brief schreiben, sollten Sie im Gespräch mit Ihrem Kunden vor allem eines tun: Ihm zuhören! Achten Sie nicht nur darauf, was er sagt, sondern auch wie er es sagt. Wenn Sie dann zurück in Ihr Büro gehen, können Sie zum Beispiel Ihr Angebotsschreiben wesentlich besser auf die Wahrnehmungseigenschaften Ihres Kunden abstimmen oder anders gesagt: Sie sprechen schriftlich die Sprache Ihres Kunden. Mit dem Effekt, dass der Kunde geneigter ist, sich mit Ihrem Angebot auseinander zu setzen, ganz einfach, weil er sich von Ihnen verstanden fühlt. Er fühlt sich einfach wohl und gut bei Ihnen aufgehoben. Dieser Prozess spielt sich beim Kunden durchweg im Unterbewussten ab. Der Kunde könnte Ihnen wahrscheinlich noch nicht einmal sagen, warum Ihr Brief ihn so anspricht. Sicher, wenn er den Nutzen Ihres Angebotes erkennt, wird er sich darauf berufen. „Endlich einmal ein Anbieter, der mein Problem versteht", wird er als Erklärung liefern. Ihr Brief tut aber mehr als das, er appelliert an den bevorzugten Wahrnehmungskanal, mit dem der Kunde seine Umwelt wahrnimmt und beurteilt. Marketing findet im Kopf Ihrer Zielpersonen statt und nicht in Ihren Hochglanzprospekten. Sie wollen das Interesse und die Aufmerksamkeit Ihrer Kunden langfristig für sich gewinnen. Mit Werbung und Akquisition versuchen Sie, Ihre Ideen in die Köpfe Ihrer Zielpersonen hinein zu bringen und Ihren Platz im Hirn des Kunden zu erobern und ihn gegen Ihre Wettbewerber zu verteidigen. Ihr Kunde soll Sie am besten zum Hoflieferanten ernennen. Um an diese Stelle in der geistigen Kommandozentrale Ihres Kunden zu gelangen, führt der beste Weg über dessen bevorzugten Wahrnehmungskanal.

Visuell geprägte Menschen verraten diese Neigung durch Formulierungen wie: „Das sehe ich ein", „das leuchtet mir ein", während ein auditiv veranlagter Mensch eher formuliert: „Das klingt logisch" oder: „Das hört sich gut an". Wenn der kinästhetische Typ den Haken an der

Sache bei Ihrem Angebot sucht und eher *fühlt*, wenn seiner Meinung nach noch etwas nicht stimmt, *riecht* der olfaktorische Typ förmlich den Braten oder *wittert* eine große Chance. Wenn Sie merken, dass Sie den gustatorischen Typ noch nicht überzeugen konnten, dann *nagt* dieser noch an Zweifeln, weil ihm Ihr Vorschlag noch nicht so recht *schmecken* mag.

Mit anderen Worten: Achten Sie auf das Sprachmuster Ihrer Gesprächspartner und stimmen Sie Ihre Briefe darauf ab.

Ein visuell geprägter Mensch spricht eher auf folgende Formulierungen an:

Sehr geehrter Herr Mustermann,

damit Sie sich eine genaue Vorstellung (visuell) davon machen können, welche Kosten Sie sparen, wenn Sie die private 1-2-3-Rundum- Krankenversicherung bei uns abschließen, habe ich einige auf Ihren Bedarf passende Informationen zusammengestellt. Sie erhalten beigefügt eine Grafik (visuell), mit der Sie genau sehen (visuell), dass Sie insbesondere für Zahnersatz 75 Prozent der Kosten direkt von uns erstattet bekommen.

Welche Formulierungen fallen Ihnen für den auditiven, den kinästhetischen, den olfaktorischen oder den gustatorischen Typ ein?

Platz für Ihre Notizen

4.2 Lernen Sie Ihre Kundentypen kennen

Menschen können nicht nur nach ihrer bevorzugten Wahrnehmung in unterschiedliche Typen eingeteilt werden, sondern auch, wie C. G. Jung herausfand, nach den Grundstrukturen menschlichen Verhaltens. Die Kunst ist es nun, die in Ihrem Gegenüber wirksamen Grundstrukturen zu erkennen und diese adäquat anzusprechen. Damit erhöhen Sie Ihre Chance, bei Ihrem Kunden positiv im Gros der Werbeflut aufzufallen und die gewünschte Resonanz auf Ihr Angebot zu erhalten.

Der Psychologe William Marston und John Geier, Professor für Verhaltenspsychologie, haben dafür ein Persönlichkeitsprofil entwickelt. Dieses DISG-Profil ist ein bipolares 4-Quadrantensytem mit vier menschlichen Grundtypen. Es ergibt sich aus der Kombination zweier Achsen. Anhand der Längsachse werden die Menschen in introvertierte und extrovertierte Typen eingeteilt. Die horizontale Achse unterteilt die Menschen in aufgabenorientierte und menschenorientierte Typen.

Die Buchstaben DISG stehen als Initialen für folgende Verhaltensstile:

- **D**ominant
- **I**nitiativ
- **S**tetig
- **G**ewissenhaft

Damit sind zunächst die einzelnen Verhaltenstypen grob skizziert, unter denen sich jeder Mensch, gleich welcher Kultur, in dieses System einordnen lässt.

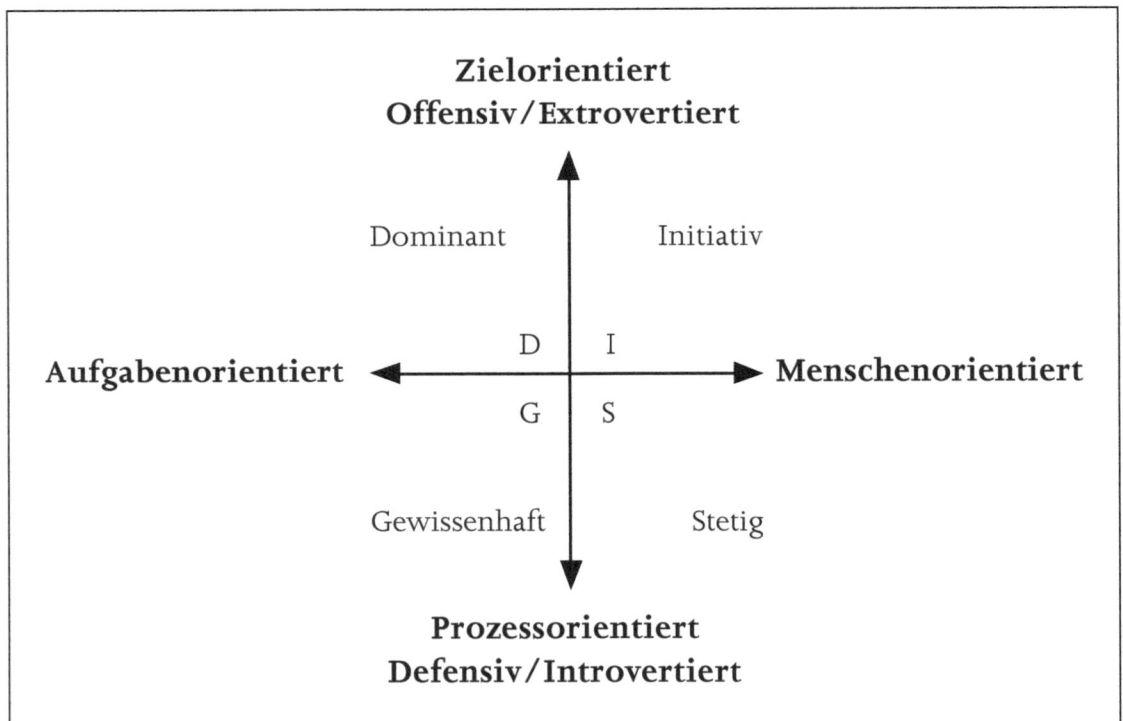

Bild 7: Übersicht Grundtypen

Natürlich wird diese Bewertung der Gesamtkomplexität eines Menschen und seines Charakters nicht gerecht und sicherlich entsprechen die meisten von uns eher Mischtypen. Jeder hat von allen Verhaltensweisen Anteile in bestimmter Kombination. Doch jeder hat wiederum eine oder zwei Verhaltensweisen ganz besonders stark ausgeprägt. Um Verständnis für die Mechanismen menschlichen Verhaltens zu gewinnen, hilft es enorm, sich zunächst die vier getrennt anzusehen.

Typ D - Dominante Personen:

„D" legt Wert darauf, dass andere gerade heraus sind und Verständnis für seine Vorliebe für Ergebnisse zeigen.

Dieser Typ nimmt gerne Herausforderungen an und ist offen gegenüber neuen, abwechslungsreichen Aufgaben. „D" fühlt sich herausgefordert, wenn Opposition und Konkurrenz überwunden werden müssen. Er ist lösungs- und nicht problemorientiert. Personen, die vor allem dem D-Typ entsprechen, sind durchsetzungsfähig, risikobereit, konsequent, direkt und entscheidungsfreudig. Zwar treffen sie keine „Hals-über-Kopf-Entscheidungen". Nach Prüfung aller Fakten auf Für und Wider legen Sie sich schnell fest und stehen zu ihrer Entscheidung. Sie wirken meist autoritär und übernehmen gerne das Kommando. D-Typen finden Sie häufig in den Führungsetagen von Unternehmen.

„D" achtet auf Understatement und liebt alles, was exklusiv und qualitativ hochwertig ist. Die Produkte dürfen allerdings nie protzig oder auffällig sein. „D" gibt gern etwas mehr Geld aus, wenn er dadurch einen echten Mehrwert erhält. Beim Autokauf legt er zum Beispiel Wert auf guten Service und schätzt einen Abhol- und Bringdienst, der ihm beim Kundendienst eine Menge Zeit sparen hilft.

Machen Sie sich auf folgende Verhaltensweisen gefasst:

- direkte und fordernde Art
- nimmt sich wenig Zeit
- mangelndes Einfühlungsvermögen
- tut sich schwer mit Kritik

Welche Personen aus Ihrem Kunden- oder Bekanntenkreis fallen Ihnen dazu ein?

Platz für Ihre Notizen

....

....

....

Versuchen Sie „D" gegenüber,

- sich kurz und prägnant auszudrücken
- Regeln und Erwartungen klar zu äußern
- Ihre Kompetenz zu zeigen
- nicht vom Thema abzuschweifen
- Zeitverschwendung zu vermeiden

Typ I · Initiative Personen:

„I" legt Wert darauf, dass andere freundlich und aufrichtig sind und seine/ihre Beiträge anerkennen.

Dieser Typ will im Mittelpunkt stehen. Er braucht zwischenmenschliche Kontakte und eine Bühne, auf der er glänzen kann. Der klassische Alleinunterhalter auf Partys oder Veranstaltungen ist der I-Typ. Er ist mitreißend und begeisternd, wortgewandt und knüpft schnell Kontakte. Unter den I-Typen finden sich verstärkt die Sorte Verkäufer, die einem Eskimo den Eisschrank verkaufen können. „I" braucht das Lob, will andere überzeugen und beeinflussen. Andererseits ist er sehr hilfsbereit und teamfähig, neigt aber dazu, sich zu verzetteln, bei der Fülle von Ideen, die in seinem Kopf herumspuken.

Dieser extrovertierte Typ liebt es, sich mit Marken zu schmücken. Ganz einfach, weil er zeigen will, dass er sich diese Produkte leisten kann. Wenn Sie sich zum Beispiel zum Essen verabreden und Ihr Gegenüber Ihnen begeisternd berichtet, dass er beim letzten Shopping-Trip in Mailand einen Maßanzug von Versace im Outlet-Shop zum Spottpreis ergattert hat oder ein Silber beschlagenes Feuerzeug in limitierter Auflage von Dior besitzt, können Sie sicher sein, Ihren Abend mit einem I-Typ zu verbringen. Äußerlichkeiten sind ihm sehr wichtig.

Machen Sie sich auf folgende Verhaltensweisen gefasst:

- stehlen Sie ihm nicht die Schau, denn er will im Rampenlicht stehen
- er neigt dazu, seine Ideen zu stark anzupreisen
- will andere überzeugen und beeinflussen
- reagiert verletzt auf Ablehnung
- überschätzt sich selbst und andere

Welche Personen aus Ihrem Kunden- oder Bekanntenkreis fallen Ihnen dazu ein?

Platz für Ihre Notizen

....

....

....

Versuchen Sie „I" gegenüber,

- entspannt und gesellig zu sein
- einzelne Leistungen öffentlich zu loben- zwanglos mit ihm/ihr umzugehen
- die Konversation nicht zu ernsthaft zu führen
- Details schriftlich auszuhändigen

Typ S - Stetige Personen

„S" legt Wert darauf, dass andere entspannt, freundlich und kooperativ sind und Anerkennung zeigen.

Dieser Typ ist ein regelrechter Bauchentscheider. Er ist stark durch Stimmungen und Atmosphäre zu überzeugen. „S" ist eher konfliktscheu und sucht die Harmonie. Im Team ist er der freundliche und verlässliche Kumpel, kooperativ und immer zur Stelle, wenn man ihn braucht. Unter diesen Menschen finden sich häufig die fleißigen „Arbeiterbienen", die gerne die Arbeit der Kollegen mit erledigen, weil die doch unbedingt wegen einem dringenden Termin früher als sonst Feierabend machen müssen. Selber sitzen S-Typen dann bis spät Abends noch im Büro und erledigen die Mehrarbeit der lieben Kollegen. Natürlich stöhnen sie, dass sie permanent im Stress sind. Diese Menschen können nicht NEIN sagen und laufen Gefahr, ausgenutzt zu werden. Ganz einfach, weil sie gebraucht werden möchten.

Für Designerschmuck oder –kleidung haben S-Typen wenig Sinn. Ein liebevoll arrangierter Blumenstrauß oder ein geschmackvoll eingepacktes Geschenk kommt beim „S" viel mehr an.

Machen Sie sich auf folgende Verhaltensweisen gefasst:

- hält einmal akzeptierte Arbeitsabläufe ein
- konzentriert sich auf seine Aufgaben
- ist loyal und geduldig
- hat Schwierigkeiten, Prioritäten zu setzen
- hat Schwierigkeiten, Termine einzuhalten

Welche Personen aus Ihrem Kunden- oder Bekanntenkreis fallen Ihnen dazu ein?

Platz für Ihre Notizen

....

....

....

Versuchen Sie „S" gegenüber

- echte Anerkennung zu zeigen
- logisch und systematisch zu handeln
- ein sicheres und verlässliches Umfeld zu schaffen
- „S" mitzuteilen, welcher Beitrag von ihm selbst wie zu erledigen ist
- seine/ihre Bedeutung für das Projekt darzustellen

Typ G · Gewissenhafte Personen

„G" legt Wert darauf, dass andere so wenig geselligen Umgang pflegen wie möglich, Details zur Verfügung stellen und Genauigkeit schätzen.

Fakten, Fakten, Fakten, lautet das Motto dieses Typs. „G" überzeugen Sie als Kunden nur dann, wenn Sie die Vorteile Ihres Produkts in allen Einzelheiten kennen. Wehe, wenn nicht. Dieser Typ ist der geborene Analytiker. Er arbeitet präzise und sorgfältig, ist diszipliniert bei der Arbeit und setzt hohe Maßstäbe an sich selbst und an andere. Sicherheitsgarantien sind ihm wichtig. G-Typen sind Perfektionisten und genau bis in die dritte Nachkommastelle. Sie sind qualitätsbewusst und äußerst kritisch. Als Autoverkäufer haben Sie bei „G" keine Chance, wenn Sie ihn vom eleganten Interieur der neuesten Luxuslimousine überzeugen wollen. Wenn Sie hingegen glaubhaft darstellen können, dass das teure Fahrzeug nur drei Liter auf hundert Kilometer verbraucht und innerhalb der ersten drei Jahre keine Wartung benötigt, haben Sie „G" als Käufer gewonnen. Bevor er eine Kaufentscheidung trifft, deckt sich „G" mit Unmengen von Datenblättern, Informationsbroschüren und Fachzeitschriften ein. Analysen und Urteile von Sachverständigen interessieren ihn viel mehr als Markennamen und Modetrends.

Machen Sie sich auf folgende Verhaltensweisen gefasst:

- ist nachtragend
- bevorzugt präzise, detaillierte Informationen
- möchte alles mehrfach nachprüfen
- mag keine Zweideutigkeit
- bevorzugt qualitativ hochwertige Ergebnisse

Welche Personen aus Ihrem Kunden- oder Bekanntenkreis fallen Ihnen dazu ein?

Platz für Ihre Notizen

....

....

....

Versuchen Sie,
- Verlässlichkeit zu zeigen
- klare Erwartungen und Termine zu nennen
- genau und konzentriert zu sein
- taktvoll und zurückhaltend zu sein
- Schriftliche Unterlagen klar verständlich und detailliert zu formulieren.

4.3 Die richtige Korrespondenz für unterschiedliche Kundentypen

So variantenreich, wie sich die einzelnen Kundentypen in ihrem Verhalten unterscheiden, so unterschiedlich reagieren sie auf Ihren Werbebrief. Diesen Umstand sollten Sie zum eigenen Vorteil nutzen und Aufbau und Formulierungen in Ihren Briefen auf die Vorlieben Ihrer Empfänger abstimmen.

Der Briefstil für einen Dominanten:

Der ungeduldige, auf Ergebnisse bedachte D-Typ will schnell wissen, um was es geht, um Entscheidungen treffen zu können. Entsprechend sollte Ihr Brief auf diese Vorlieben eingehen.

Kommen Sie zügig auf den Punkt. Schildern Sie möglichst schon im ersten Absatz knapp und präzise Ihr Anliegen. Sagen Sie offen und ehrlich, was Sie von „D" wollen. Die Betreffzeile eignet sich dazu hervorragend. Verzichten Sie dabei auf reißerische Werbebotschaften, sondern schreiben Sie sachlich, um was es geht.

Ein Beispiel wäre: *„Hans Mustermann, freiberuflicher Architekt, erfahren in der Planung von behindertengerechten Wohnanlagen, bewirbt sich um einen Auftrag".*

Gerade heraus, ohne Schnörkel und Wortspielereien, weiß ein dominanter Typ sofort, um was es geht. Und Sie stehlen ihm nicht seine kostbare Zeit mit Werbegesülz.

Und am Ende: *„Wenn Sie das interessiert, rufen Sie mich an. Unter der Telefonnummer 0123 456 stehe ich Ihnen gerne für weitere Auskünfte zur Verfügung".*

Sachlich und nüchtern sollte Ihr Briefstil durchweg bleiben. Verzichten Sie auf langatmige Erläuterungen der einzelnen Vorteile Ihres Produktes oder Ihrer Dienstleistung. Heben Sie Sachargumente durch Listings hervor. Formulieren Sie Ihre Absichten klar und nachvollziehbar und weisen Sie auf den Nutzen Ihres Angebotes hin. Schreiben Sie am Ende Ihres Briefes deutlich, welchen Schritt Sie als nächsten vorschlagen. Damit liefern Sie „D" eine Entscheidungsgrundlage.

Der Briefstil für einen Initiativen

„I" legt bekanntlich Wert darauf, im Mittelpunkt zu stehen. Berücksichtigen Sie dies auch in Ihren Briefen an ihn. Antworten Sie deshalb auf eine Anfrage von „I" schnell und zeitnah. Beziehen Sie sich auf Äußerungen dieser Person im ersten Absatz Ihres Schreibens *„Sie wollen Ihren personellen Engpass schnell und unbürokratisch beseitigen? Unser speziell für kurzfristigen Personalbedarf entwickelter Research-Assistent findet die richtigen Mitarbeiter für Sie".* Appellieren Sie an sein Geltungsbedürfnis. Umgarnen Sie ihn und rollen Sie ihm den roten Teppich aus. Sprechen Sie seine Gefühle an und wecken Sie Emotionen. Das Image steht beim Kauf eines Produktes für ihn im Vordergrund. Wenn Sie ihm zum Beispiel darstellen können, für welche namhaften Kunden Sie bereits tätig waren, sind Sie sich seiner Aufmerksamkeit sicher. Ähnlich wie beim D-Typ sollten Sie auch beim „I" zügig auf den Punkt kommen. Allerdings ist dieser Typ wesentlich empfänglicher, wenn Sie den Sachverhalt bildhaft veranschaulichen, zum Beispiel, wie Sie auf Personalsuche gehen und zu Ergebnissen gelangen. „I" ist ein Augenmensch. Heben Sie wichtige Hinweise gut sichtbar hervor und gestalten Sie den Informationsfluss schlagwortartig.

Der Briefstil für einen Stetigen

Ihr Brief an einen S-Typ sollte persönlich, emotional und sensibel sein. Sachlich nüchterne Argumentation, wie sie der D-Typ schätzt, sind beim S-Typ völlig fehl am Platz. Bei ihm müssen Sie Nähe schaffen, zum Beispiel, indem Sie im ersten Satz an den letzten Kontakt anknüpfen. Erkennen Sie seine Beiträge zur Problemlösung an und gehen Sie lobend darauf ein. Zum Beispiel: *„Ihre Idee, eine Ausbildungsversicherung für Ihre Tochter abzuschließen, zeigt, dass sie vorausschauend handeln. So sichern Sie die Zukunft Ihrer Angelika und ermöglichen ihr einen sorgenfreien Start ins eigene Leben".*

Wenn Sie, wie in unserem Beispiel, Personen beim Namen nennen, die dem „S" wichtig sind, schaffen Sie die erforderliche Nähe zu ihm. Genau wie beim I-Typ auch, sollten die Vorteile und der Nutzen Ihrer Leistung gut sichtbar hervorgehoben sein.

„S", das wissen Sie bereits, will es gerne allen recht machen. Eindeutige Entscheidungen fallen ihm mitunter schwer. Helfen Sie ihm und bieten Sie ihm eindeutige Entscheidungsalternativen mit klaren Terminvorgaben.

„Wenn Sie bis zum 30. des folgenden Monats die Police bei uns abschließen, profitieren Sie von 15 Prozent Rabatt auf die Jahresprämie".

Der Briefstil für einen Gewissenhaften

Wie gesagt, dieser Typ setzt hohe Maßstäbe, an sich selbst und natürlich auch an andere. Er selbst ist diszipliniert und genau in seiner Arbeit, seien Sie es also auch. Für Ihren Briefstil bedeutet das, formulieren Sie einen sachlichen Einstieg und bleiben Sie hart am Thema. Bildhafte, emotionale Veranschaulichungen finden beim Gewissenhaften kaum Beachtung. Die Betonung seiner Erwartungen eher schon. Dieser Typ braucht Referenzen und Gütesiegel Ihrer Leistung. Stellen Sie ihm das Gewünschte übersichtlich und auf seinen Bedarf hin zusammen und zur Verfügung. Fragen Sie aktiv nach Ergänzungen oder nach Bewertungen, denn damit appellieren Sie an seine analytischen Fähigkeiten. Fakten und Zahlen bedeuten ihm viel. Wenn Sie ihm plausibel machen, dass seine Investition in Ihre Leistung ihm an anderer Stelle erhebliche Kosten oder gar Verluste spart, haben Sie den Gewissenhaften auf Ihrer Seite.

„Entscheiden Sie sich für den Einbau unserer Solaranlage für Ihr zukünftiges Eigenheim. Diese Investition kostet Sie zwar 20 Prozent mehr als der Einbau einer herkömmlichen Ölzentralheizanlage. Übers Jahr sparen Sie jedoch 25 Prozent an Heizkosten. Bereits nach fünf Jahren hat sich Ihre Solarisanlage amortisiert".

So erhalten Sie Informationen über Ihre Kundentypen

Wenn Sie mit Ihren Bestandskunden im Gespräch sind, machen Sie möglichst eines: Lassen Sie mehrheitlich den Kunden zu Wort kommen. Die meisten Verkäufer, so ist mein persönlicher Eindruck, spulen, sobald sie im Besprechungszimmer mit dem Kunden zusammen sitzen, ihren einstudierten Verkaufstext ab. Vorteil eins, Vorteil zwei, Vorteil drei, Produktnutzen eins, Produktnutzen zwei und so fort. Vor lauter Vorteilen weiß der Kunden gar nicht mehr, wo hinten und vorne ist. Und je mehr Möglichkeiten er erfährt, umso unsicherer wird er, will sich nicht entscheiden und sich die ganze Sache lieber noch mal überlegen. Der Verkäufer zieht dann wieder unverrichteter Dinge ab. Nicht nur, dass sich viele Verkäufer dadurch den eigenen Abschluss vermasseln, sie nehmen sich auch die Chance, mehr über ihren Kunden zu erfahren.

Hören Sie dem Kunden lieber zu und lauschen Sie, was und wie der Kunde es sagt. Damit haben Sie die Möglichkeit, viel gezielter und kundenspezifischer auf Ihr Gegenüber einzugehen, sei es mündlich oder schriftlich, mit einem darauf abgestimmten, kundenorientierten Brief.

Auf den entsprechenden Menschentypen richtig zu tippen, gelingt Ihnen sogar in gewisser Weise bereits bei Interessenten und potenziellen Neukunden, selbst wenn Sie noch kaum oder gar keinen Kontakt mit ihnen hatten.

Checkliste

Nehmen Sie zum Beispiel vorher telefonischen Kontakt mit Ihren Kundentypen auf. Kurze, knappe und präzise Antworten lassen auf den Dominanten schließen. Wenn Ihr Zuhörer auftaut, sobald Sie namhafte Kunden nennen, für die Sie bereits tätig gewesen sind, könnte Ihr telefonisches Gegenüber zum I-Typ gehören. Jemand, der behauptet, keine Zeit zu haben, im Stress sei und über einen 16- bis 18-Stunden-Tag jammert, Ihnen aber dann in aller Ausführlichkeit über das Jammertal seines Arbeitsalltags berichtet und Ihren eigenen Zeitplan gehörig strapaziert, ist mit Sicherheit ein S-Typ. Einen Gewissenhaften erkennen Sie stattdessen daran, dass er am Telefon eher distanziert wirkt und nach Referenzen verlangt. Nicht weil er sich wie der I-Typ von Markennamen überzeugen lässt, sondern weil er wissen will, was Sie tatsächlich zu leisten imstande sind.

Hat der Kunde selbst den Erstkontakt zu Ihnen gesucht, zum Beispiel per Brief, E-Mail oder Telefon, dann achten Sie darauf, ob er die Sache (aufgabenorientiert) oder die Person (menschenorientiert) in den Mittelpunkt stellt. Überwiegen in seinen Erläuterungen eher Zahlen und Fakten oder steht der menschliche Aspekt im Vordergrund?

Achten Sie auf Schlüsselworte in der Korrespondenz oder in der Formulierung des Gesagten. Formuliert die Zielperson eher Ich-bezogen oder eher Sach-bezogen?

Gut geeignet ist auch der Internetauftritt der Zielperson. Stellt Ihr Ansprechpartner mehr die eigene oder Personen allgemein in den Vordergrund seiner Betrachtung oder die Sache, die Produkte oder Leistungen?

Nutzen Sie das Internet als erste Informationsquelle. Ermitteln Sie über die Suchmaschinen, ob es Eintragungen über Ihren Ansprechpartner gibt. Die Art und Weise wie über Ihre Zielperson berichtet wird oder auf welche Weise diese sich zu Wort meldet, gibt Hinweise darauf, um welchen Typ Kunden es sich handeln könnte.

Zum Schluss: Strategische Planung einer Mailing-Aktion

Wenn Ihre Werbebrief-Aktion keine unüberlegte Ad-hoc-Veranstaltung sein soll, die wenig Resonanz auslöst, aber riesige Löcher in Ihr Budget frisst, dann müssen Sie Ihr Mailing generalstabsmäßig planen. In so manchem Ratgeber und auch aus der Beraterszene ist immer wieder zu hören, dass Mailing-Aktionen nur dann Erfolg versprechend sind, wenn die Briefe 1000fach verschickt werden, denn die Responserate liege im Promillebereich. Das stimmt, aber nur dann, wenn Sie Ihre Briefe an Kreti und Pleti versenden. Bedenken Sie: Mit Massensendungen erreichen Sie keine punktgenaue Kundenansprache. Die Yukkapalme aus Plastik im geschmackvollen Terracottatopf, zum Preis von 19,99 Euro, mag per Massen-Mailing im 1000er Pack seine Interessenten finden. Für komplexe oder erklärungsbedürftige Produkte oder Dienstleistungsangebote, die einige tausend Euro kosten, sind Massen-Mailings ungeeignet. In diesem Falle gilt: Beschränken Sie sich darauf, nicht mehr als 100 bis 200 Briefe an ausgesuchte Adressen zu versenden. Recherchieren Sie, welche Ansprechpartner aus Ihrer Adresskartei Gemeinsamkeiten haben. Konzentrieren Sie sich auf eine Branche, denn die Mitglieder einer Branche haben zumeist gleiche Probleme und damit gleichartigen Bedarf. Finden Sie den größten Engpass dieser Zielgruppe heraus und forschen Sie nach, mit welchem Angebot Sie zum Problemlöser werden können. Mit diesem Hintergrundwissen gelingt es Ihnen, mit einem zielgenauen Angebot auf sich aufmerksam zu machen. Fügen Sie Ihren Briefen stets Antwortkarten oder Fax-Antwortformulare hinzu, um Anfragen zu erleichtern und schnell beantworten zu können. Spätestens bei der Beantwortung eingehender Anfragen werden Sie einen weiteren Vorteil kleiner Mailings zu schätzen lernen: Ihre Reaktion sollte zeitnah erfolgen. Wenn Sie nicht gerade ein Unternehmen mit einer gut aufgestellten Servicemannschaft führen, kann es drei bis vier Wochen in Anspruch nehmen, bis Sie auch nur auf etwa zehn Anfragen individuelle Angebote erstellt haben.

Wie in der Pressearbeit so gilt auch für das Versenden von Werbebriefen das Erfolgsmotto „Steter Tropfen höhlt den Stein". Erfolg haben Sie mit einer Werbemail-Aktion nur dann, wenn Sie regelmäßig auf sich aufmerksam machen. Was nützt es Ihnen, wenn Sie Ihre Werbebriefe an tausend Adressaten verschicken, das Ganze wegen Zeit- und Kostenaufwand aber nur einmal im Jahr realisieren können? Wenig, denn damit haben Sie keine Chance, die Aufmerksamkeit der Empfänger langfristig zu gewinnen und in deren Gedächtnis einen festen Platz als Spezialist für XY-Anwendungen zu sichern. Besser ist es wenige Briefe zu verschicken, das aber wöchentlich oder zumindest monatlich. Auf diese Weise wird die Neukunden-Akquise zu einem festen Bestandteil in Ihrem Arbeitsalltag.

Mailing-Aktionen langfristig planen

Planen Sie im Voraus wann und wie viele Werbebriefe Sie Ihren Empfängern zusenden wollen. Am besten ist es, Sie entwerfen gleich am Anfang mehrere unterschiedliche Werbebriefe, mit jeweils eigenen, sich ergänzenden Angeboten. Zum Beispiel bewerben Sie im ersten Brief ein Trainingsangebot, im zweiten Brief weisen Sie auf ein Beratungsangebot hin und so fort. Anbieter mit großem Bauchladen, wie es bei Dienstleistern oft der Fall ist, sind gerade mit einer solchen Langfriststrategie gut bedient. Auf diese Weise begehen Sie nicht den Fehler, sämtliche Leistungen auf einmal in einem Brief anzubieten. Zumal Sie sich als Alleskönner im Wettstreit mit anderen Anbietern um die Aufmerksamkeitseinheiten Ihres potenziellen Kunden kaum nachhaltig profilieren würden. Verpulvern Sie Ihre gesamte Munition nicht mit einem einzigen Schuss. Über jedes Angebot können Sie in regelmäßigen Abständen gesondert informieren. Beachten Sie: Komplexe Leistungen verkaufen sich nicht sofort. In der Regel müssen Sie mehrmals beim potenziellen Kunden schriftlich anklopfen, um Ihr Angebot in dessen Gedächtnis zu verankern. Wenn dann aber plötzlich Bedarf entsteht, muss der Interessent sofort Ihren Namen im Hinterkopf parat haben.

Mailings sollten deshalb immer aufeinander aufbauen und nie isoliert für sich stehen.

Wenn Sie all das beherzigen, dürfte sich sehr bald der Erfolg einstellen.

Checkliste

Sechs Tipps für Ihre Werbebriefaktion

- Achten Sie auf eine zielgruppengenaue Ansprache. Recherchieren Sie Unternehmen oder Ansprechpartner, die gemeinsame Merkmale haben (gleiche Branche, gleiche Probleme, gleiche Position/Funktion)
- Formulieren Sie Ihr Angebot/Ihre Botschaft spitz auf diese Zielgruppe zu.
- Schicken Sie mäßig aber regelmäßig Briefe. Weniger ist mehr, sollte Ihr Motto lauten. Versenden Sie lieber eine kleine, überschaubare Anzahl von Briefen. So verankert sich Ihr Image als Spezialist für… nachhaltiger in den Köpfen Ihrer Adressaten.
- Bieten Sie pro Brief nur ein konkretes Angebot an.
- Legen Sie Ihrem Brief ein Fax-Antwortformular oder eine Antwortkarte mit bei. Das erleichtert den Lesern Ihres Briefes die Reaktion auf Ihr Angebot.
- Planen Sie Ihre Werbebrief-Aktion für einen definierten Zeitraum und legen Sie fest, wann Sie welches Angebot per Brief bewerben wollen.

Literatur

Hans Christian Altmann: Mut zu neuen Kunden
Redline Wirtschaft bei Verlag moderne Industrie Frankfurt a. M. 2004

Michael Gams: Kleine Gesten, große Wirkung
Redline Wirtschaft bei Verlag moderne Industrie, München 2002

Friedbert Gay: Das DISG Persönlichkeitsprofil
Gabal Verlag, Offenbach 2004

Hermann Scherer (Hrsg.): Von den Besten profitieren III
Gabal Verlag, Offenbach 2003

Wolf Schneider: Deutsch fürs Leben
Rowohlt Taschenbuch Verlag, Hamburg 1999

Frederic Vester: Denken, Lernen, Vergessen
Deutscher Taschenbuch Verlag München 1978

Siegfried Vögele: Dialogmethode, Das Verkaufsgespräch per Brief und Antwortkarte
Verlag moderne Industrie, Landsberg 2005

Marion und Volker Zwick: Kunden gewinnen als Selbstständiger
Falken Verlag Niedernhausen/Ts. 2000

Über die Autorin

Sabine Liberty ist Inhaberin eines Medienbüros für Unternehmenskommunikation. Für mittelständische Unternehmen, die komplexe und erklärungsbedürftige Produkte oder Dienstleistungen bekannt machen müssen, entwickelt sie Konzepte und Techniken für erfolgreiches Marketing oder Presse- und Öffentlichkeitsarbeit. Als ehemalige Journalistin kennt sie die Welt der Medien und setzt umfassende Maßnahmen für ihre Kunden um.

Als freie Dozentin referiert Sabine Liberty an den Industrie- und Handelskammern Nürnberg, Coburg, Bamberg/Bayreuth und Augsburg zu Themen über PR- und Marketing. Darüber hinaus ist sie auch als Dozentin an den Universitäten Erlangen-Nürnberg und Würzburg tätig, insbesondere für Unternehmensgründer aus dem hochschulnahen Bereich.

Marketing

Ute Binder-Kissel
Telefon-Akquisition
2002, 50 Seiten, 19,80 €
RKW-Nr. 1448, ISBN 3-89644-195-7

Thomas Johne
Der Newsletter als Kundenbindungsinstrument
Grundlagen – Erfolgsfaktoren – Realisierung
2005, 76 Seiten, 19,80 €
RKW-Nr. 1460, ISBN 3-89644-207-4

Thomas Johne
Dialoginstrument Mailing
Grundlagen – Instrumente – Erfolgsfaktoren
2005, 88 Seiten, 19,80 €
RKW-Nr. 1492, ISBN 3-89644-239-2

Thomas Johne
Das Firmenjubiläum als Marketingereignis
Planung – Instrumente – Durchführung
2005, 40 Seiten, 14,80 €
RKW-Nr. 1499, ISBN 3-89644-246-5

Thomas Johne
Basiswissen Marketing
Strategien für Erfolg am Markt
2005, 52 Seiten, 14,80 €
RKW-Nr. 1502, ISBN 3-89644-248-1

Thomas Johne
Basiswissen Kundenorientierung – Kundenbindung
Strategien für erfolgreiche Kundenbeziehungen
2005, 49 Seiten, 16,80 €
RKW-Nr. 1505, ISBN 3-89644-252-X

RKW-Verlag

Telefon: 06196/495-3422 und 3423
Fax: 06196/495-4401
E-Mail: v@rkw.de
Internet www.rkw.de

Printed by Libri Plureos GmbH
in Hamburg, Germany